U0079988

一流、二流、三流的溝通技巧

日本領袖學會代表理事
嶋津良智——著

楓書坊

前言

「嶋津先生的說話方式真的很引人入勝又淺顯易懂呢！」

「該怎麼做才能讓自己的說話方式像嶋津先生這樣具有魅力呢？」

「請問嶋津先生是如何做到在眾人面前依然落落大方地說出這麼有說服力的話呢？」

很高興有機會聽到這些讚美，我深感榮幸。

承蒙愛戴，我將在這一本書中以專業講師的角度，告訴各位讀者如何提升說話方式、表達方式的魅力。

首先，我有一件事一定要先讓各位知道。

那就是——

「有魅力的說話方式、表達方式是種技巧，就連我也沒辦法立刻掌握」。

我不敢大言不慚地說任何人都做得到，但正因為說話方式是種技巧，我相信只要學會「做好在向他人表達時的心態管理」以及「表達方式的技巧」，絕大部分的人一定都能掌握住淺顯易懂的說話方式及表達方式！

其實我本身是個非常怕生的人，一在眾人面前我就會怯場，是因為知道了如何控制（並未克服）怕生及怯場的情緒，我才會有現在的自己。正因為如此，我才會這麼肯定地說絕大部分的人一定做得到。

我在這本書中講述的都是我個人意識、察覺到的事情，所以有可能跟市面上的許多書籍所說的內容截然不同，也可能會讓各位讀者覺得我在舊調重彈，說的都是隨處可見的事情。

雖說如此，我還是真心誠意地想與各位分享我實際注意到的每一件事。

只要這些都能讓各位作為參考，哪怕各位只是閱覽自己所在意的部分，我也覺得已經很好了。

一流的人會訴說理想

這本書的內容也包括了一些我仍未完美實踐的說話藝術。我還是選擇寫下這些內容，是因為我堅信**一流的人都是能為實現理想而努力不懈的人**。

我曾向某位講師請教一個問題，我問他：

「請問你會在演講時向大家闡述你的理想，還是只談論已發生的事情？」

那位講師毫不猶豫地回答：

「一個講師若是不談論理想，那可怎麼行呢？」

「身為講師不能一直和聽講者站在同樣的高度。講師之所以為講師，就是因為他們要努力地將聽講者往上拉拔，讓他們站得更高，看得更遠。倘若講師只是站在跟他們一樣的高度感同他們的感受，那麼演講就沒有意義了。」

聽完他告訴我的話，之前那些連我自己都不曉得為何堅持要那麼做的行動，好像都有了明確的答案。

我本身也有好多想要做到卻還做不到的事。

這樣的我還是在談論「一流的人應該這麼做」，其實就是為了讓我更加明白自己所目標的理想是什麼樣子。

能否明確地看見自己的理想，是實現理想的必要條件。

姑且不論有沒有辦法達到，但要是我們不先設定自己的理想，就不會曉得自己的方向在哪裡，也就不可能朝著目標的方向去努力行動。

不只如此，設定自己的理想其實也就是讓自己知道目標是什麼、現在的自己離目標還有多遠，還能讓自己了解至今為止的努力已經結出多少果實，檢視自己的努力發揮多少效果。

但是，如果我們不曉得自己的目的地在哪，根本就沒辦法確認自己的努力有沒有效。

假設知道自己的目的地在2公里遠之處，那麼我們就會知道走了1公里代表已經前進了一半。但是，如果我們壓根就不曉得自己的目的地在哪裡的話，我們就無法想像自己走了1公里之後還有多遠才能到達。不僅如此，我們還可能因為看不到未來的路往哪走，而失去了繼續前進的動力。

人若要努力前進，就必須具有理想，這個理想可以作為我們的動力，讓我們知道自己為何要這麼努力；也可以作為我們的願景，讓我們知道自己目標的是什麼狀態。

而且，用自己的語言來闡述這份理想，也是一件相當重要的事。

一流的人能夠努力不懈

人若是無法持續努力，哪怕再有理想，也只是二流之人。

不僅如此，有些人就算別人告訴他們什麼是理想，他們也只會認為「理想終究只是理想」，直接放棄努力，而這樣的人就會淪為三流之人。

曾效力於美國職棒大聯盟球隊的前職業棒球選手鈴木一朗在訪談中說過：

「我不曉得要具備什麼能力才會被稱為天才，但如果大家認為不努力也會有所成就的人就是天才的話，那我肯定不是天才。」

這是鈴木一朗的經典名言，像他這樣的超一流選手也必須朝著自己的理想努力邁進，否則根本別想成為一流的選手。

在我開始舉辦講座後，就了解到一流的人與二流、三流的人之間的明顯差異。

我舉個例子，請各位假設自己正在聽一場關於說話方式的講座。

「我的說話方式也像這樣的話，該有多好啊。我一定要努力讓自己也做到這樣的說話方式！」
會這麼想並且開始努力的人，很快就能夠讓自己的說話方式變得更有魅力。聽了別人的演講，也找到了自己的理想，卻還是不努力的話，那麼就不會有任何改變。所以，肯努力的人就會成為一流的人。但如果只想著：

「我的說話方式也像這樣的話，該有多好啊。」
卻停在原地不做任何努力，又或者決定了要努力變好，卻只有三分鐘熱度的話，那就只能當個二流的人。

「講得真是太棒了，讓人有種豁然大悟的感覺。」
有些人雖然同意講師所說的話，卻又說：

「講師說的道理我都明白，但我覺得自己不適合這麼做。」
「講師說的道理我都明白，但現實就是不可能這麼做啊。」
像這樣自以為是地做出這些結論，沒有任何一點努力的意願的話，就會淪為三流的人。因為，這樣的人就連站上起跑線都不願意，而且永遠都會是如此。

若想成為一流的人，終究還是必須靠自身的努力才行。就是因為這樣，我才要為那些肯努力的人闡述我身為一名講師所目標的理想。

平凡人也能成為一流之人！

我只個普通的平凡人。不過，我認為自己的優點，就是接受自己只是個平凡人。

我是個很懦弱的人，從以前就非常崇拜厲害的人。我很喜歡看格鬥比賽，總是一邊幻想著自己也站上擂台比賽，又一邊找各種理由來逃避實現自己的願望，安慰自己不是任何人都撐過嚴格的訓練等等。

我在40歲左右迎來了人生階段的變革，從早出晚歸的工作環境中得到了些許的解放，有了一點自己的時間。於是，我決定實現多年以來的心願，開始學習少林拳。

不過，我並未立刻變成一個厲害的男人。我一邊鍛鍊身體，一邊思考：

「那些厲害的男人，原本都是什麼樣的人呢？」

最後，最後我得到了一個體悟，那就是——

「厲害的人不只是力量強大，還要有一顆強大的心。少了其中一個都不足以讓自己變得強大」。

從那之後，我便開始努力地磨練自己的心志以及體魄。

現在回想起來，我在學習工作技巧的過程也是一樣。剛出社會時，我在工作上還有很多事情都做不好，所以那時經常思考自己到底應該怎麼做才比較好。

後來，我的工作能力慢慢地愈來愈好，也從底層的員工晉升到管理職位，從我開始帶領下屬以後，我又開始思考關於溝通的技巧。

「我應該怎麼跟下屬相處才好？」

「我的一時衝動讓彼此不歡而散，應該怎麼做才能避免這樣的情況再發生呢？」

正因為自己做的不好，所以就會去思考應該怎麼做才好，而在這個過程中，也就一點一點地描繪出自己的理想。

我就是透過像這樣設定出自己的理想，並朝著這個方向持續努力，才學會一步一步地接近自己的理想。

假如我打從一開始就是個一流的人，也許我就不會親身體會到努力成為一流之人究竟應該經歷哪些過程。

一流之人的說話方式

我就這樣在工作中慢慢地摸索出「理想的模樣」，然後我想在這本書中跟各位談一談，什麼樣的說話方式能讓我們更接近理想的模樣。

溝通是建立與維持人際關係的基本技巧。我們所在的社會由複雜的人際關係所建立，家庭、學校、社區、社團……只要是有人聚集的的地方，都是一個又一個小小的社會。而維持每一個小社會所需的基本技巧，就是人與人的溝通。

「說話」是任何人都會的溝通方式，但每個人的說話技術卻有高低之差。只要掌握高明的說話技巧，你就能用有魅力的說話方式把你想說的話「傳達」到對方心中，讓你在每個小社會裡都過得更加順遂。

只要使用一流的說話方式來表達，你的人生也會變得更有品質。

此外，溝通對於達成目的也是一件相當重要的事。每天從早上睜眼起床，到晚上闔眼睡覺，我們約有8成左右的時間都要以各種形式與別人互動；在工作的過程中，我們平均每1個小時就必須與他人進行約24分鐘的互動。在我們與他人互動的過程中，就需要與對方進行溝通。所以，只要學會一流的溝通方式，我們就可以更準確、順利地向對方傳達自己的意見及想法，更有效也更有效率地達到我們的目的。因此，最重要的就是如何去表達，也就是「說話方式」。

正如我一再強調，人一定要鍥而不捨地努力提升技巧，才能學會有魅力且「說到對方心坎裡」的說話方式。我跟各位一樣，都是以實現更高的理想為目標而不停地努力前進的其中一人。

就請各位跟我一起前進，努力學會一流的說話方式吧！

目次

第2章 聽見對方真心話的說話方式

第3章

讓人感到「受認同」的說話方式

第4章

讓對方願意行動的說話和引導方式

第5章

成功增加盟友的說話方式

第 1 章

創造舒適的「談話環境」

情緒管理

三流的人是偽善者，二流的人只在乎自己的心情，一流的人會表現出怎樣的情緒呢？

具備一流溝通技巧的人都擅長控制自己的情緒。

因為，他們明白**要有積極的態度才能造就成果**。

人的行動都有一條隱形的起跑線，那就是心情（情緒）。

人在心情（情緒）愉悅時，會用較正面的態度去接納各種事物。所以就算聽到一些不太好的事情，也比較能用樂觀的心態去接受。

舉個例子來說，假設我們與朋友有約，也搭上電車準備前往約好的地點，卻突然接到朋友的訊息。

「對不起！我睡過頭了，可能會晚一點到！」

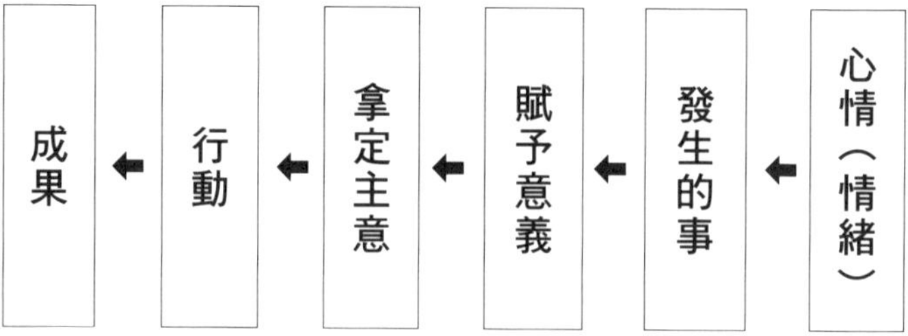

看到這則訊息的當下，如果我們的心情是愉悅的話，也許就會做出「沒關係，那我也晚一點再到就好，你別著急，還是要注意安全喔」等回覆，讓對方不至於感到過於愧疚。

大部分的人都沒發現自己的行動及思考都是由情緒控制。就像上圖所示，情緒與成果之間其實具有連鎖效應。

正向的情緒會讓人使用積極的方式對話，有助於創造出更好的結果。

這就是我的情緒管理方程式。

因此，我認為人與人在溝通時，特別要注重的一點就是保持正面的心情。

我希望自己過得開心，也希望眼前的人可以過得開心。讓自己保持好心情是任何人都能做到的努力，而且也是最簡單的努力。

情緒會帶來一連串的效應，因此我們的好心情、幸福感便是我們與他人溝通的起點。所以，我每天早上醒來的第一件事，就是先在腦海裡想著這一天會見到面的人——包含我的家人，我希望自己這一天都擁有好心情，也希望他們心情愉悅。

至於我們是在什麼時候才會擁有好心情？我認為應該就是在**自己跟周圍的人都感到幸福的時候**。

要讓「我們」都擁有好心情的話，首先就要先控制好自己的情緒。如此一來，不僅「自己」擁有好心情，就連「大家」都能帶著愉快的心情進行溝通。你想讓周圍的人都感到幸福吧？那就先試著一步一步地努力控制好自己的情緒吧。

人難免也有情緒低落的時候。遇到這種情況時，我就會選擇自己一個人獨處，藉由獨處時光重整自己的心情，才不會帶著負面的情緒與周圍的人溝通。

請各位務必試試這麼做。

Road to Executive

一流的人
會讓「彼此」
都保持愉快的心情

首先要控制好自己的情緒

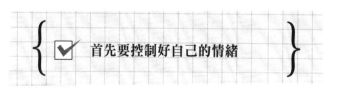

遣辭用句

三流的人說話消極、悲觀，二流的人是傻瓜積極，一流的人會選擇如何說話呢？

常常有人以為我的自我肯定感很高，但其實並沒有大家想像得那麼好。嚴格來說，我應該算是很會表現出自我肯定感很高的樣子（笑）。因為已經很習慣這麼做了，所以別人才會以為我是個自我肯定感很高的人吧。

我的祕訣就是盡量使用正向、積極的言語。在跟別人交談時，我會隨時提醒自己使用讓對方積極向前的說話方式，即使是對方做得不好，我也會盡量說一些正向的話讓自己往好的方面去想像未來的樣子。

我會選擇這麼做，是因為人類是一種**會被自己說的話以及想像的畫面所支配的生物**。

各位也許沒有發現，其實人們其實每天都在努力地讓自己的未來成為現實。而一個人會實現什麼樣的未來，正取決於他說了哪些話。

這樣的論點稱為語言相對論，指一個人使用的語言會影響自己的行動。人說出口的話會影響到自己的思考模式，而思考模式則會決定未來的發展。

換句話說，當我們對別人說出這類消極悲觀的話：

「這樣當然最好，但應該不可能吧。」

「再怎麼努力，結果也不會改變吧。」

其實就等於是在詛咒對方，這種溝通無異於置對方於不幸。

我在舉辦研修活動時，為了讓大家都能了解言語的重要性，於是在場的所有找一位同伴，兩人一組進行以下的活動。

首先，我會先要求其中一人不停對另一個人說出「很麻煩欸」、「好累喔」、「我不行了」、「反正我就是不行」、「可是……就是因為……」等負面、悲觀的話。接著，再請雙方都去思考這樣做之後有什麼感覺。

然後，我又請他們對著自己的同伴說出「你一定可以」、「做就對了」、「太開心了」、

「真是太棒了」、「好開心啊」、「太厲害了」等正面的話，同樣也請他們去思考這麼做之後有什麼感覺。

實際的溝通當然不會像這樣對別人說出一連串負面或正面的話。不過，我請他們分享自己的感想後，大家都異口同聲地表示正面的話語會讓人變得開朗及樂觀；負面的話語則會讓人感到悶悶不樂及消極。

一個小小的活動就能給人帶來這麼大的影響，所以我們平日無意識地頻頻使用負面的話語或積正面的話語時，肯定會帶來更加深遠的影響。一樣都是在表達同一件事，使用負面的說話方式與使用正面的說話方式，就會給對方帶來截然不同的感受。

在面對未來也是一樣，因為我們一直覺得不可能、不會改變，所以我們所想的情況就成為了現實。既然如此，我們只要換個方式說，就能改寫未來。

「這次一定沒問題的！」

「下一次一定會成功！」

只要使用這樣的說話方式，人們的大腦便會認定這就是未來的事。如此一來，我們為了實現這樣的未來，行動也會自然而然地有所不同。

還有一種說話方式我也不希望各位使用，那就是不負責任且像傻瓜般積極的話語。「沒關係、不要緊」之類的話看似積極、正向，但實際上只不過是在耍嘴皮子而已。傻瓜般積極的言語都是不管現實情況便脫口而出的話，給人一種事不關己的感覺。而且，這種說話方式並不能應付所有情況，在面對真的有關係、很要緊的事情時，就不適合用這種方式說話。使用傻瓜般積極的言語就是一種不負責任的說話方式。

真正的正向積極是確實掌握現況，不僅要看到事物好的一面，也要考慮到最糟糕的情況，在做出「這樣做可以避免最糟的情況發生，所以我們就這麼做吧」的思考以後，才說出「所以，真的沒關係」的正向言語。然而，使用傻瓜般積極的話語只不過是在自我安慰，在沒有了解現狀的情況下就做出不經大腦的積極行動。

談到正向的說話方式，我經常以日本 TULLY'S COFFEE 的創始人——松田公太先生在創業時的情況為例。松田先生當初甚至也想過一旦最糟糕的情況——創業失敗發生的話，他可能會欠下多少負債、該用什麼方式才能償還這些債款等等，在經過深思熟慮以後，他才大膽地採取行動。正因為他連最糟糕的結果都確實地去了解了，才能夠做出真正意義上的積極判斷。

改變人生或成果的三大營養素為**「正面的言語、有益的學習、良好的信念」**。只要把這3點牢記於心，就能夠改寫未來的事。朋友、戀人、同事、夫婦……不論任何人際關係，如果你想實現美好的未來，只要用正面的話描寫未來、透過好的學習掌握實現未來的方式，以及自我肯定並選擇積極正向的行動，那就足夠了。

具備「正面的言語、有益的學習、良好的信念」的溝通，才是能給對方帶來美好未來的一流溝通。

Road to Executive

一流的人會使用正面的言語

☑ 用正面的言語改寫未來

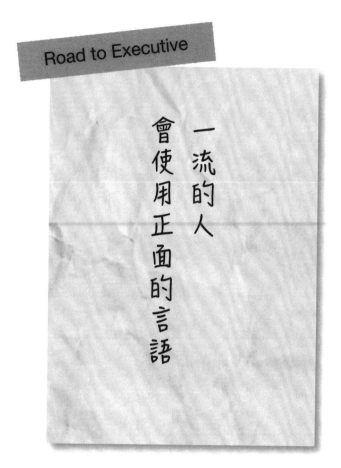

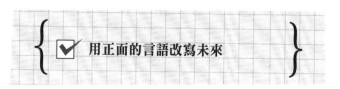

情緒表達

三流的人表達二次情緒，二流的人沉默不言，一流的人會傳達什麼呢？

曾有一位來參加講座的男性說，他與正在讀高中的女兒總是鬧得不愉快。仔細聽他述說與女兒之間的相處模式後，原來是只要女兒很晚才回家，他就會忍不住臭罵：

「妳以為現在幾點了!?這麼晚才回來是在做什麼!?」

我問他：「憤怒屬於二次情緒，你知道自己這份憤怒是從何而來的嗎？」

他回答：「她是我的寶貝女兒，所以只要她太晚回來，我就會擔心她是不是在外面出了什麼事。」

於是我告訴這位爸爸，既然是這樣的話，不如把他對女兒的「重視」、「擔心」等等的一次情緒，直接傳達給女兒知道。

過了幾天，據說他的女兒再度晚歸，他同樣為此感到心煩氣躁。等到女兒終於回到家，而他也正打算對女兒發飆時，突然想起我告訴他的話，於是這一次他坦率地將自己擔心的心情告訴女兒：

「我很擔心妳出了什麼事才這麼晚回來，還好妳平安無事。下次要晚一點回來的話，至少先跟我說一聲好嗎？這樣我也比較放心一點。」

他們父女倆總是重複著「女兒晚歸，爸爸就發飆」的相處模式，這一次他率先打破僵局，對女兒坦白他的想法，據說女兒聽到爸爸這麼說以後，也嚇了一大跳。這位爸爸坦率表達出自己的情感以後，覺得內心輕鬆了不少；總是生著悶氣回到房間的女兒，似乎也露出了明白自己做錯事的表情。

憤怒的情緒大多都屬於二次情緒。藏在內心深處的其實是不安、壓力、疼痛、悲傷、痛苦、絕望、失望、期待、盼望等等的一次情緒，這些一次情緒會演變成二次情緒中的憤怒，並且發怒的方式表現出來。

當我們去思考「是哪個一次情緒讓我產生憤怒的情緒」時，我們也許就會發覺與二次情緒截然不同的真實情緒，並且讓對方知道我們真正的感覺。如此一來，我們就不會衝著對方發洩二次情緒中的憤怒，導致自己的溝通淪為三流的溝通，也不會單方面地隱忍自己的情緒，導致對方不曉得自己的憤怒及擔心，並讓自己的溝通只是二流的溝通。

「你剛才關門好大力喔。那麼大聲把我嚇了一跳，而且這樣也會打擾到附近的鄰居。我之前一直提醒你關門的時候要小聲一點，但你還是做了一樣的事，我真的很失望。請你下次一定要注意。」

「上星期開會時，我請你先彙整好各部門對於這項工作的意見，不過你卻沒有做好這件事，實在很可惜。原本要是你順利做好這件事的話，經理也會讚賞你的組織能力，可惜……」

像這樣**坦白地將自己的一次情緒傳達給對方知道**，才是一流的溝通方式。

Road to Executive

一流的人
會傳達一次情緒

重視並傳達自己真正的心情

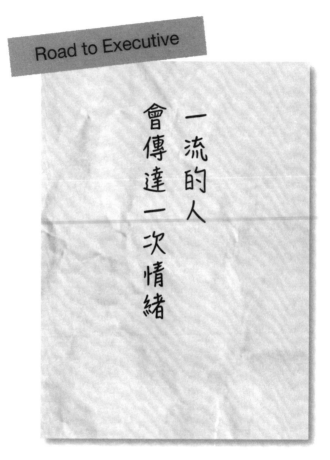

憤怒管理

三流的人會發洩情緒，二流的人會壓抑情緒，一流的人會怎麼做呢？

人都有喜、怒、哀、樂等情緒，正因為有這些情緒的變化，我們才活得像個人。

因此，表現出自己的情緒並不是一件壞事。

不過，情緒的表達方式不恰當的話，也可能會破壞我們與別人之間的關係，或是讓我們因此丟了工作等等，招來許多意外般的倒楣事。

人特別容易表達不恰當的情緒就是憤怒。

「笨蛋喔！你幹嘛這麼做！」

「你在幹嘛!?不能這樣做啦！」

「每次都這樣！」

「到底要我說幾次！」

你可能覺得只是不耐煩地說說而已，但帶著怒氣的話語都可能引發重大事故。

因此，我要推薦各位試試看一個方法，讓你在跟別人說話時依然能保持一流的溝通。

這個方法就是當你發現自己的情緒愈來愈激動時，**要把你的情緒切換到別的迴路上**。

帶著怒氣說話時，憤怒的情緒很有可能順勢爆發出來，這時無論如何要先保持沉默。

試著在心裡從1數到10，暫時離開當下的地點也是不錯的做法。

在專為媽媽們舉辦的講座上，我跟各位媽媽說：

「當你準備對著孩子發飆時，就算您不需要到廚房也沒關係，還是請您先到廚房一趟。就算您不需要拿冰箱裡的食物也沒關係，還是請您打開冰箱門。就算您不曉得不曉得這麼做是為什麼，我還是要請您把頭往前伸到冰箱裡。做完以上的步驟後，再請您回到孩子的身邊。如此一來，您就會客觀地面對自己的心，心想：『我現在還要生氣嗎？』我請各位這麼做就是為了讓頭腦冷靜下來。各位若是能夠意識到這一點並且試試看這麼做，我相信一定會有不錯的效果。」

觀看運動賽事時，當其中一方更有贏面，另一方就會喊出比賽暫停。這是因為「暫停時間」對於改變局面有很好的效果。同理，人的情緒也是一樣。

當夫妻在討論非常重要的事，或是公司會議上大家討論得愈來愈激動時，你可以試著出其不意地喊暫停：

「我覺得好熱啊，我們泡個咖啡，休息一下吧。」

只要喊出暫停、爭取一點時間，就能改變情緒上的激烈波動。

不要覺得人的情緒不能控制，要明白**控制情緒是一種技巧**。嘗試一次、兩次也許並不順利，還是要抱著鍥而不捨的態度繼續訓練這項技巧。

想要成為一流的運動員或演奏家，都必須經過一再的訓練。

想在溝通上成為一流的人是需要經過訓練的。技巧並非一蹴而得，若不經過訓練並反覆嘗試錯誤，就不可能靈活地運用。就算有再厲害的教練指導，光聽不練也不可能快速掌握技巧。

Road to Executive

一流的人會控制自己的情緒

給焦慮的情緒來點「暫停時間」

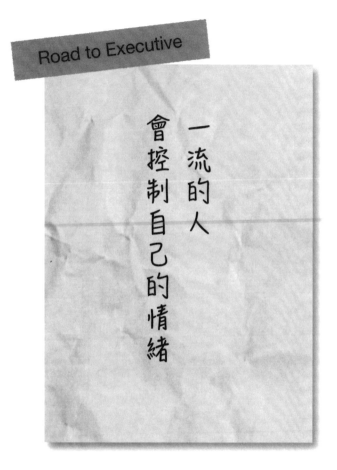

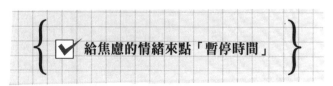

設身處地

三流的人會用情緒暴力，二流的人只說自己想說的，一流的人會怎麼說話呢？

使用錯誤的方式表達自己的情緒，等於是一種暴力行為。所謂的暴力不僅是肢體上的力量攻擊，透過言語傷害他人、將憤怒情緒發洩在他人身上，也都算是暴力行為。

工作上犯錯時，若主管臭罵你：「我之前不是叫你做○○！你到底會不會做事啊！」這樣的行為就算是職權騷擾。職權騷擾不僅會讓下屬感到壓力，有時甚至可能造成下屬的心理陰影。

人是一種會選擇情緒的生物。就算是一個看起來經常情緒激烈起伏的人，還是會視對象選擇自己的情緒。

例如：有個主管動不動就對他的下屬發飆，但各位覺得他有可能同樣對著他的老闆發脾氣嗎？我想不論哪間公司，應該都不太可能存在這樣的人吧。

「我可以對這個人生氣」、「我在這個情況下可以生氣」。人都是像這樣允許自己可以生氣以後，才會出現生氣的情緒表現。

所以，就算是覺得自己是個愛生氣的人，也一定可以學會控制自己的情緒。

不論是夫婦還是戀人、親子、兄弟姊妹、好友等等，有時彼此之間的關係愈親近，就愈容易理所當然地覺得「這個人一定懂我為什麼要這麼做」。不過，**「親不越禮、近有分寸」其實才是讓基本的人際關係保持圓滿的祕訣所在**。

哪怕是關係再親近的人，我們都應該先思考對方是出於什麼理由才有這樣的舉動，禮貌地詢問對方：

「你剛剛○○了，怎麼了嗎？」

「你為什麼要○○呢？」

「請告訴我你○○的原因是什麼。」

像這樣詢問對方，才是一流的人會採取的溝通方式。

只要知道了原因所在，也許我們就會回應對方：

「原來是這樣啊，那你下次要注意別再〇〇喔。」

像這樣讓話題就此結束。反之，要是對方這麼做的背後是出於某個重大的理由，而我們卻沒有深入了解並且思考如何避免再次發生的話，總有一天一定還會出現更加嚴重的問題。

當情緒暴力一再重演時，我們就會漸漸地沒辦法再和對方分享我們的喜怒哀樂。

「反正他有事的話就會跟我說吧。」

也許你會這麼想，但換成是你的話，你覺得一個只會一直罵你又只顧著自己說話的人，跟一個願意好好聽你說話的人，你會更信任哪一個人？遇到緊急狀況時，你會更願意找誰商量呢？

不先主動開口了解對方發生了什麼事就直接生氣，可謂是溝通上的失職。

Road to Executive

一流的人
會聽完對方的意見
才說話

☑ 討厭的狀況也要樂在其中

尊重對方

三流的人板著一張臉，二流的人吝於給予，一流的人會帶給對方什麼呢？

人與人的溝通建立在言語及情感的交流。把自己的情緒狀態調整好再與對方互動確實相當重要，但讓對方覺得「能聊一聊實在太好了」也是非常寶貴的一件事。

跟別人約好要見面時，你不會覺得既然有機會跟對方聊天，那麼送一份能讓對方覺得「能跟你見面實在太好了」的禮物是一件很棒的事嗎？這份禮物就是我們的活力熱情、學問見識以及愉悅的心情。就算你送不了這些，改成實際的禮物贈送也無妨，只要不讓對方空手而歸，送什麼都不要緊。能夠做到讓對方帶著「今天能夠跟這個人見面實在是太值得了」的心情回家，對於我們而言也是一件幸福的事。

所以，我在跟別人聊天時，**都會盡可能做到知無不言，言無不盡，不會吝嗇跟對方分**

享我的知識、能力及真實想法。特別是在演講時，只要我跟台下的聽眾分享我的失敗經驗談，大部分的人都聽得津津有味。這是因為我想毫不保留地分享的這份心意會傳達給台下的聽眾，讓他們甚至驚嘆：「你真的確定要跟我們分享這些事情嗎？」

知識在我們的人生中佔了非常重要的一席之地，能使我們的人生更加豐富。想讓一切事物都朝著最適合的方向發展的話，一定不能少了知識的幫助。而我們若想從別人口中獲得知識，擁有一個輕鬆交談的氛圍也是非常重要。

「你知道這這個嗎？」

「這個真不錯耶。」

能保持輕鬆愉快的語氣當然是最好的。

假如你擺著一張臭臉，這樣就算別人有不錯的知識，也不見得願意與你分享吧？而且，你明明就獲得了對你有幫助的知識，卻還是做出冷淡的回應，例如：

「嗯，所以呢？」

「我早就知道了。」

對方聽到了也會覺得不開心吧。

因此，我在跟別人聊天或談話時，總是會盡量帶著愉快的心情，並且毫不保留地與對方交談。

假如你必須跟一個合不來的人交談2小時的話，你用平常心去看待也是渡過2個小時，你不開心地過也是2個小時。每個人一天的時間都是有限的，所有人的一天都公平地擁有24個小時，沒有人可以擁有更多的時間。你選擇不開心地過，就是白白丟掉這珍貴的時間資源。而且，最遺憾的是逝去的時間再也不可能回來，人生中最可惜的事莫過於白白浪費寶貴的時間。

有句話叫做「我以外皆我師」，我認為不論是誰一定都有值得他人學習之處，也會盡量讓自己樂觀地去面對一切的狀況。我們自己都不開心了，別人也很難開心起來吧。不只自己要開心，還要讓對方帶回美好的感受，真的很不容易吧。

所以，假如你真的必須跟你不喜歡的對象相處一段時間，請試著把這段時間變成「有價值的時間」，別讓它變成「沒價值的時間」吧。

Road to Executive

一流的人
不吝嗇分享，
並讓對方帶回好心情

☑ **討厭的狀況也要樂在其中**

心平靜氣

三流的人只會索取，二流的人會給予也會索取，一流的人會給予以及……？

假設之前你跟朋友一起去吃飯時，朋友突然開口：

「我等等就去領錢，你先借我錢吧。」

你真的借錢給這位朋友，而他也確實馬上就把錢還給你。後來，換成你開口向他借錢時，他卻對你說：

「抱歉，你先去領錢吧。我不喜歡借錢給別人。」

聽到對方這麼說，你會做何感想呢？

你可能會感到非常不滿，但仔細想想，其實這件事不過是你願意借錢給別人，而對方不願意罷了，是我們自己一廂情願地期待付出有所回報。**差別在於我們跟對方的想法不**

同，並沒有誰對誰錯。若你仍是責怪對方，就是在消耗你自己的情緒。

有付出時就覺得別人也應為你做點什麼，正因抱持著這種期待才會擾亂自己的心緒。

「你之前都會幫我〇〇，為什麼這次就不行幫我〇〇？你很奇怪耶！」

「每次都是我在付出，而他什麼都沒做。」

做一個「什麼事都要別人做」的伸手牌其實得不到任何有益的東西，而期待別人有所回報以致自己的心情受到影響，則是二流的溝通與互動。

我在國外生活時，深刻地學習到「自己認為的常識不見得也是別人認為的常識」這件事。不只有文化上的差異，每個人的思考方式也都有自己的風格。所以，我也明白**若要管理好自己的情緒，就要拋開好壞、對錯的看法，接受「這個人就是這個類型」**。

如果是一流的人在與人溝通，就不會期待對方有所回報。而且，他們的付出十次有八、九次都沒有回報，看起來就像吃了虧。不過，就我的感覺來說，十次才出現一次的回報，基本上都是足以彌補其他九次的重大獲得。所以，一流的人都是有意識地並且持續地付出再付出。

「不去在意理會」的心態是情緒管理的重點。不去理會別人說了什麼，也不去在意別人用什麼眼光看待自己，如此一來你就會活得輕鬆自在些。例如：

「他這個人就是喜歡裝出一副比別人厲害的樣子，也沒什麼啦。」

「他這個人說話就是一副瞧不起別人的樣子，習慣就好啦。」

像這樣依然保持淡然處之的態度。

假如你是個凡事都很在意的人，請先練習讓自己接受**「凡事皆有『不去在意、理會』的選項」**。藉由這樣的訓練，你的情緒波動也會有所改變。

透過「不去在意、理會」的選項讓你客觀地面對自己的情緒以後，也許你下次再遇到同樣的情況，就能夠冷靜地應對，心想：

「覺得有點不爽，不過我為什麼要生氣？」

「我現在生氣的話，情況會變得如何呢？那我不生氣的話，情況又會如何呢？」

Road to Executive

一流的人
會付出再付出

付出十次只會有一次回報，
別去期待對方有所回報

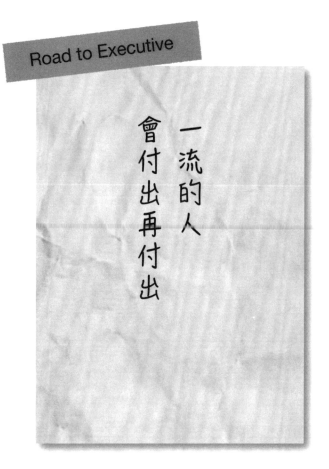

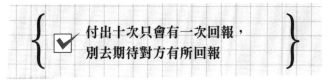

談話地點

三流的人不看場合說話，二流的人喜歡在自己的主場說話，一流的人會選擇在哪裡談話呢？

假如你要求婚的話，你會選擇在什麼地方求婚呢？

為了提高對方點頭答應的機率，你肯定會盡全力規劃一個最棒的求婚場景吧。

不論什麼情況都會思考最適合的談話地點，是一流的人順利溝通的技巧之一。也就是說，一流的人會**先選擇在能夠獲得成果的地點與對方交談**。當然並不是說任何情況、任何時候都必須坐在飯店的下午茶餐廳裡談，也可以在公司的會議室、居酒屋的半開放式包廂，或是星巴克等等，根據談話的內容來選擇適合的地點。

舉個例子來說，你覺得坐在星巴克裡一邊聽著旁邊的女高中生跟朋友聊戀愛的煩惱，一邊聽對方跟你談減薪的事情，你會有什麼感想呢？肯定會覺得「感受不到這個人對我的尊重」吧？如果要談減薪的話，選擇在飯店的會客室、可以擋住其他同事目光的會議室等安靜的場所，肯定比星巴克更加適合。

家人之間也是一樣。有時想和另一半談一談重要的事情，卻可能一直被其他的事情干擾，頻頻打斷談話。遇到這種情況時，我就會跟我的太太說：

「這個星期天我們找間咖啡店坐下來喝個咖啡吧。」

只要先跟對方預告並且換個地點，對方也能整理好聽你談這件事的心情。有時還可以視情況請對方來你的座位談話，這樣做的效果也會很不錯。

此外，如果你是想要聽到對方毫無保留地說出內心感受或想法的話，那麼談話的地點就要選擇在對方的主場。

在足球的術語中，自己隊伍所在的球場就稱為主場。有資料顯示在足球賽事中，主場球隊的獲勝機率高於客場球隊的獲勝機率。

即使你跟對方的關係或交情不好，彼此都只看到對方的表面或一部份，未曾好好了解對方或與對方互動，但只要你用心選擇一個有助於讓對方說出真正想法的地點，並且認真地聆聽對方說話，那麼你還是有辦法改善你與對方之間的關係。另外，選擇在燈光不是那麼明亮的地點談話，也有效讓人更容易說出內心感受或想法。

座位的關係也會影響到溝通，在公司主管對部下、年長者對年輕人、父母對子女的關係中，面對面而坐的位置關係會給人造成壓力，讓人難以開口。所以，真的想引導對方說出真心話的話，最好的狀態就是雙方不要面向著對方而坐。我的建議是坐在對方的斜前方（雙方的身體方向呈90度夾角），這樣只要說話時再把臉轉向對方即可，而想迴避對方的視線時也只要看著前方就行。

談話的地點不同，對方的心情也會隨之受到影響。

希望一定要記住這一點，選擇更能提高成功機率的談話地點。

Road to Executive

一流的人會選擇在
更容易達到溝通效果
的地點進行溝通

☑ 根據談話內容選擇合適地點

第 2 章

聽見對方真心話的說話方式

傾聽態度

三流的人左耳進右耳出，二流的人打開耳朵聽，一流的人傾聽時是什麼態度呢？

受新冠疫情影響，必須戴上口罩生活，或是透過網路與人進行遠端視訊會議，總覺得跟人的溝通好像變得不是那麼順利。

自從開始舉辦線上的研修課程以後，我覺得有一點很不方便，那就是很難了解學員到底有沒有專心在聽講、是否理解我所說的內容，也就是所謂的「現場的氛圍」。會有這樣的感覺其實也不奇怪，畢竟在人與人的溝通中，**絕大部分的訊息都是透過眼神及態度在傳遞**。用線上視訊的方式進行的話，就看不太清楚每一個人的表情及態度，因此也就無法掌握「現場的氣氛」。

根據心理學中的「麥拉賓法則」，人與人進行溝通時，從對方的談話內容得到的訊息僅占7％，其餘93％的訊息則有55％來自於對方的表情或服裝等視覺訊息，38％來自於對方的語調、說話速度等言語內容之外的聽覺訊息。

言語其實不易傳達與接收訊息，一流的溝通中一定要懂得傳達與接收言外之意。

中文有一個詞，叫做「傾聽」。「聽」這個字是由「耳」加上「目」與「心」。**不只要用耳朵，更要用眼睛看、用心體會，才會是完整的「聽」**。

除此之外，中文同樣還有詞叫做「側耳」，但其實我們在傾聽時不只要側著耳朵聆聽，更要把我們的目光以及心——也就是全身全心都傾向對方，那才是真正的傾聽。

當電視播放著你不感興趣的節目時，你肯定不會看吧？說不定還會直接關掉電視。但若播放的是喜歡的節目，一定會忍不住看一下、聽電視傳出來的聲音。

對於某個人事物有興趣的話，我們自然就會目不轉睛、側耳傾聽；不感興趣的話，則是視若無睹、置若罔聞。人類的行為其實就是這麼的單純。

若我們的身體未往前傾，還一直朝向其他地方的話，就代表「我不感興趣」的訊息。

假設有個男人正在看電視，這時他的妻子對他說：「我有事想跟你說。」然而他還是繼續盯著電視，只是嘴巴回答：「什麼事？」那麼他的妻子肯定會覺得丈夫根本就沒有好好聽她說話。但如果這時丈夫把電視關掉，並且轉頭過來看著妻子回答：「妳要說什麼事？」那麼妻子應該就會感受到丈夫認真以待的態度。

在我遇過的主管中，有些主管聽到下屬說：「我有事情想要找您討論。」他們就會先放下手邊工作；若有東西擋在兩人之間，就會特地將東西挪開，再好好回應下屬：「你要跟我討論什麼？」以認真的態度聆聽下屬說的話。想起那幾位主管認真聆聽的身影，都會讓我回想起以前的我總是能夠放心地找他們討論事情。

我一直教導兒子：「跟人說話時要看著對方的眼睛。」只要關掉電視、轉過身與孩子說話，就算孩子年紀再小，也能好好聽你說話。而且這麼做也能讓孩子確實感受到父母在聽他們說話。

Road to Executive

一流的人
會調整好自己的
傾聽狀態

用耳朵、用眼睛及用心傾聽

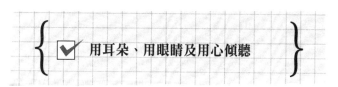

建設性的評論

三流的人逃避溝通，二流的人爭長論短，一流的人會拿出什麼樣的態度呢？

遇到問題時，你會選擇好好地跟對方對話，不逃避面對問題嗎？

「應該不是這樣吧」、「不對，我覺得這樣應該比較好吧」、「我覺得是這樣」等等。人與人就是要像這樣一來一往地交換意見，才能商量出最好的解決辦法。

不過，有的人就會覺得這樣的商量很麻煩，或是對在商量時與對方發生摩擦或對立感到厭惡；也有人擔心被對方責怪、批評，而選擇對發生的問題視而不見；還有的人就屬於消極主義，遇到問題只會擺爛，說一些無關緊要的回應。

人之所以要冒著產生摩擦或對立甚至被批評的風險，也要跟對方討論商量，就是為了解決發生的問題。逃避雖能讓你不用繼續面對當下的情況，但問題可能變得愈來愈大，也可能錯過最佳的判斷時機，讓你跟解決辦法離得愈來愈遠。

再說了，有些人際關係就是必須先克服彼此間的溝通問題，否則便無法建立起來。

不逃避問題，好好地面對面交談，代表什麼意思呢？

某次我和太太聊到有些家庭存在著親子關係交惡的問題。聽她分享的過程中，這幾對親子都有一共通點，就是父母都在逃避與孩子溝通。

我的兒子是獨生子，現在就讀高中，正是最難搞的年紀，不過我們父子之間的感情還是很不錯的。我想是因為我一直秉持著「身為父親的我絕對不能逃避跟兒子之間的溝通」的信念在與兒子相處，才能建立起良好的親子關係。

逃避溝通或許可以避免與對方發生摩擦，但也可能使雙方的關係出現更大裂痕。

除了逃避溝通的人以外，還有一些人老是喜歡在討論問題的過程中跟對方爭個輸贏。

「不對，你這樣說的話，不就跟剛才說的話矛盾了嗎？」

「你要是覺得我說的方法不好的話，那換你來說啊！」

有些人就會像這樣硬要辯駁對方。這種類型的人早已忘記原本的目的是「討論出最好的結論」，最後只在乎自己有沒有辯贏對方。

只要別人不贊成他們的意見，就會覺得對方是在否定他們。就是因為這樣他們才會害怕別人批評，一定要辯贏對方。不過我們的發言和人格不必混為一談，**就算別人不同意我們的發言也不代表在否定我們。**

當你下次在跟別人商量事情時，請別忘了自己原來的目的，試著去傾聽對方的意見，並在顧及對方的想法及感受下，勇敢地表達自己的意見。商量不是在互相爭戰，也不是互相傷害，而是以找出解決辦法為目的進行溝通。

「原來也可以這樣啊。」

「我覺得你說的這一點很好欸。」

「原來你是這樣想的啊。我是這麼想的，你覺得呢？」

像這樣不只站在自己的角度，也試著從對方的觀點去思考問題，就是跟別人好好討論的祕訣所在。

Road to Executive

一流的人
會傾聽並討論

☑ **討論不必分出勝負**

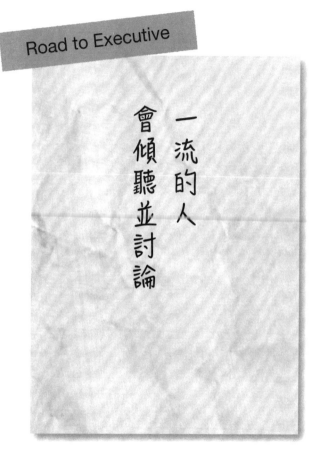

有效附和

三流的人自以為是地搶話，二流的人頻頻打斷對方說話，一流的人會用什麼樣的方式附和呢？

根據調查，有53%的日本人下屬覺得自己在與主管對話時，「主管開口說話的時間總是比自己說話的時間長」。而在日本之外的其他已開發國家中，這項調查的比例則下降到20～30%。另外，根據「有關組織與領導的國際價值觀調查」，也發現日本的主管與下屬之間的「對話頻率」雖高，但對話的「良好度」及「滿意度」卻不高。我們可以推測這是因為日本的主管在跟下屬對話時，多數時間都是主管自己不停地在說話，不太給下屬說話及表達意見的機會。

在跟比自己年輕許多的人或是小孩子說話時，你有時候會不會也有「我以前也是這樣子過來的啊」的想法呢？隨著經驗的累積，我們通常都可以猜到對方說話的內容是什麼，你會心想：「原來你是這麼覺得啊。」或心想：「原來是因為這樣啊。」即使知道了對方的笑點，你也覺得很有趣，但有時還是得有耐心地聽完對方說話。

這種時候，如果你開口說：

「啊～你是說這個吧？」

那這樣的應答就是三流的人才會做的溝通。就算對方接下來說的內容真的被你先猜到了，但還是必須先聽完對方說話。更何況對話的發展如果錯了的話，對方也許會抗議：

「才不是你說的這樣！」

反而會像這樣惹得對方不開心。

這在主管與下屬的關係之中也一樣。主管的知識、經驗、技術比下屬更優秀時，通常就愈容易先猜到下屬要說什麼話，然後自顧自地說個不停。

好好聽完對方說話，有時也許要等待一下。**不管是人還是人際關係，都是要透過等待才會慢慢地成長**。

一邊聽對方說話一邊提問，感覺起來好像很認真在聽對方說話。不過，打斷對方說話其實是二流的溝通方式。
「這是○○嗎？」
「不過，你說的是○○吧？」
「那樣不是很奇怪嗎？」
當你頻繁插入這些問句時，正在說話的人就會被打斷思考，可能會忘記他們原本想要說的內容，或是不曉得該怎麼接下去才好。
「讓我把話說完！」對方也許會因為頻頻被打斷而心生挫折。
一流的溝通是從理解對方開始做起，而不是顧著表達自己的想法。
先聽對方說完話，也確認對方真的都說完後，才能接著開口問：
「那我可以問你幾個問題嗎？」
「我的理解是○○，這樣理解對嗎？」
「請問你可以再說詳細一點嗎？」
像這樣最後才提出自己想說的事情，就會傳達出「我確實在聽你說話」的訊息。

Road to Executive

一流的人
會聽完對方說話以後
才開口

☑ **不要預測對方的想法**

停頓時間

三流的人不理會「停頓時間」，二流的人害怕「停頓時間」，一流的人會如何面對「停頓時間」呢？

「你跟我說一下這件事啦！」

「我想一下喔……」

日常的溝通時常會像這樣出現沉默的情況，也就是對話的「停頓時間」，而這些**「停頓時間」其實是能讓我們好好思考並統整對話內容的重要時間**。

溝通與呼吸有異曲同工之妙。「呼吸」顧名思義就是一再地重複吸氣與呼氣，而對話也是一樣，我們說話時是對方在聆聽，對方說話時則是我們在聆聽。因為若不在一定的時間內重複說話及傾聽，對話便會變得困難重重，無法成立。所以，只要對話中出現雙方都沉默不語的停頓時間，感覺就會很不舒服。

不過，各位在游泳時如果要潛入水裡的話，一定都會先吸一大口氣再潛入水中，對吧？然後浮出水面之後，透過一次又一次地大口吸氣與吐氣，調整自己的呼吸。

溝通中的「停頓時間」就好像這樣，彼此都在調整自己的呼吸狀態。正因為有調整呼吸的「停頓時間」，人與人之間的溝通才會順利流暢。

溝通時若不注重「停頓時間」，我們就容易忽視的對方的沉默，自己拼命地一直說個不停，完全沒辦法聽進對方說了什麼話。假如你原本是特地撥出時間來聽對方說話，結果到頭來卻沒聽到你想知道的內容，那真的是一件非常可惜的事情。

除此之外，有時我們也會因為害怕對話的「停頓時間」，而在對方沉默思考時提出疑問或說出自己整理好的想法，結果反而干擾了對方的思考。

若要做到重視對話中的「停頓時間」，那就要**接受對方的沉默**。

所謂的傾聽並不是只聽自己想聽的內容，而是要以包容、共鳴的態度，真誠地聆聽對方想訴說、想傳達的事。因為，傾聽的目的原本就是理解對方。傾聽能幫助說話的人加深對自身的了解，並做出自己可接受的判斷或結論，再採取具有建設性的行動。

除了上述的「停頓時間」，有時對話也會出現「這件事已經說完了」、「不要再繼續談這件事」的「停頓時間」。

好好運用「停頓時間」的話，也能讓對話的氣氛變得更融洽。給對話保留「停頓時間」可以讓我們在改變話題比較不突兀，也能好好整理一下彼此的意見及想法。

對方若已經沉默不語，卻還一直盯著對方看的話，可能會讓對方覺得自己被逼著開口說話。此時不妨先挪開你的視線，讓對方靜靜地思考一下，這樣也更容易讓對方說出真正的想法。

Road to Executive

一流的人
會像呼吸一樣
運用「停頓時間」

要重視對話中的「停頓時間」

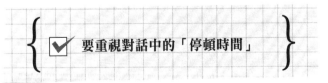

回應問題

三流的人冷淡地要對方自己思考，二流的人直接告訴對方答案，一流的人會怎麼回應問題呢？

上天為了讓人類有所成長，而賜予人類許多禮物，其中一樣便是「問題」。

各位看到這一句話以後，想必都露出嫌棄的表情吧。各位一定都覺得問題當然是愈少愈好，其實連我也不例外。可惜只要我們活在這世界，就會有數不盡的問題要面對。每一個問題的發生，都是為了讓我們更接近理想的狀態。也就是說，出現在生命中的問題都是**讓我們有所成長的人生課題**。

不過，很多人明明都知道回家作業必須自己做，但在面對別人的人生問題或工作上的問題時，卻會直接代替對方提出解決辦法。聽到我這麼說，各位應該都會發現似乎是這麼一回事。

問題歸屬原則

釐清是誰的問題。

	自己覺得有問題	自己覺得沒問題
對方覺得有問題	① **共同問題**	③ **對方的問題**
對方覺得沒問題	② **自己的問題**	④ **沒有問題**

「父母出手幫孩子做作業，對孩子來說並不是一件好事吧？」

以「是誰的問題」的觀點來看的話，討論的問題可以區分成以下4種。

①（自己與對方的問題）共同問題

②（不是對方的問題）自己的問題

③（不是自己的問題）對方的問題

④（不是對方亦不是自己的問題）沒有問題

在這4種問題當中，我們最常直接給予答案而不是提供建議的，就是第3種「不是自己的問題，而是對方的問題」。這在主管幫下屬解決問題、父母幫孩子解決問題的情況中特別明顯。他們這麼做的動機不外乎是「孩子會變壞，我不能坐視不管」、「幫下屬解決問題，好讓下屬對我刮目相看」等等，為的只是為了滿足自己，而這麼做則會剝奪對方成長的機會。

若真心為對方著想，希望對方成長的話，**就必須尊重對方的意志，讓對方自己解決問題**（緊急狀況則另當別論）。

因此，最重要的就是傾聽對方所說話。當我們先做到傾聽以後，再來問對方：

「你覺得怎麼做會比較好？」

「你想要怎麼做呢？」

讓對方思考以後，再提出：

「我覺得還有這個辦法可以嘗試。」

「那你覺得如果這樣做好不好？」

只要針對必要的部分再補足、加強即可。

這樣才是不干擾對方成長，又能讓問題得到解決的溝通祕訣。

Road to Executive

一流的人
會引導對方解決問題

☑ 引導對方得到問題的解答

建立關係

三流的人隱藏自己，二流的人掩飾自己，一流的人會如何展現自己呢？

各位應該都有很要好的朋友吧？那你為什麼會和這個人成為好朋友呢？各位的身邊應該有感情很好的情侶或夫妻吧？那你覺得為什麼他們的感情會這麼好呢？

這是因為彼此之間存在著許多對方跟自己都知道的「開放自我」，所以兩人才能變成感情好的朋友或是恩愛的夫妻。

心理學中有理論叫做**「周哈里窗」**，用來了解自己與他人共享與未共享哪些樣貌。

我認為，**不害怕交談時與人產生摩擦，並盡可能增加能讓別人了解自己的「開放之窗」，是讓我們不受限於個人偏見，加深與他人溝通的祕訣所在。**

以前，我的團隊有個成員明顯與其他人格格不入。說實話，那時的我也覺得很難跟他

◉ 周哈里窗

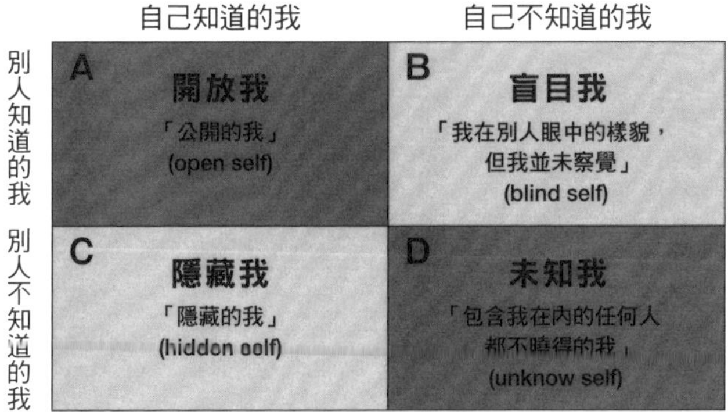

相處，但我覺得一直這麼想的話，我一定會逃避跟他溝通，所以我試著主動找他說話。

後來，他竟然也主動跟我說了一些關於他的事情。原來，他小時候被父母拋棄，他與弟弟只好寄人籬下，但被收養的親戚百般苛待。弟弟上了國中以後再也受不了這種日子，於是離家出走，從此人間蒸發。而他國中一畢業就開始工作，靠著送報紙的薪水勉強養活自己。

聽他訴說自己的過去以後，我跟他說：

「謝謝你跟我說這些話。我這樣說可能不太好，但也許就是因為這些過去，所以你的性情才會這樣乖僻吧。不過，我這樣說並不是在責怪你，聽你這麼說以後，我才知道你為什麼會跟大家都處得不好，也知道你並不是一個天生的討厭鬼。說真的，其實跟你聊一聊以後，我覺得我還滿喜歡你這個人。或許你也可以跟其他人都聊一聊你的過去。」

後來他趁著某次機會在其他成員面前提起他的過去，他也終於跟大家打成一片了。

有了這次的經驗以後，只要有新的成員加入團隊，我一定會聽一聽對方有什麼故事。然後，我會做一張圖表，圖表的縱軸是時間軸（小學時期、國中時期、高中時期、20～24歲時期、25～29歲時期、30～34歲時期、35～39歲時期、40～44歲時期、45～49歲時期），圖表的橫軸則是列出對方的學習、工作等／興趣、運動等／人際關係、家庭、交友、職場等／其他、居住地、健康、證照、經濟相關等等，再根據這張圖表，向其他團隊成員介紹我們的新成員。

像這樣聽對方說說有關自己的事情以後，對方也許就會聊到一些工作上不太會提到的事，讓我們得到令人驚喜的收穫。例如：

「原來你參加過全國籃球大賽喔！」

當對方分享某些經驗後，可從中找到共通點，讓彼此的「開放我」達到最大化。

但有時若只是一直聽對方說他們的事，而我們卻不提自己的事，就無法順利了解對方有哪些「開放我」。**若想聽見對方敞開心胸分享，我們也必須自我揭露。**

舉例來說，假設你有離婚的經驗，而你覺得這是人生中不光彩的經歷，所以從未跟別人提起這件事。不過，要是對方跟你坦白說：

「其實啊，我已經離過兩次婚了……」

聽到對方這麼說，說不定你就會開口說出：

「其實我也離過一次婚……」

像這樣聽到別人大方地說出自己的經驗以後，我們或許就會更容易說出真心話，覺得向對方坦白說出這些事情也無妨。所以，如果想和對方建立起良好的關係，讓對方願意與你傾訴及談心的話，那我們就必須先向對方徹底地自我揭露。

自我揭露具有互惠的性質，這種性質會讓人在聽到對方的自我揭露後也想要跟對方傾訴相似的感受。

先說出自己的真心話，對方也說出真心話以後，下一步則是要做到接納對方的感受。

「我已經好久沒擠電車了，結果今天就搭到一班載滿乘客的電車，真的好討厭喔。」

當對方這麼跟你說的時候，「認同對方想法」的回應方式如下：

「我完全懂你的感覺。車廂裡滿滿都是人真的很擠、很討厭耶。可以的話，我也不想要搭到擠滿人的電車。」

但若你和對方想法有點不同的話，可用以下回應方法做到「接納對方感受」即可。

「很久沒搭到擠滿乘客的電車，真的讓你很不舒服吧。」

「應該有很多人都跟你一樣呢。」

不過，如果你回答：

「其實大家也都不喜歡，你跟我這樣說，我也沒辦法呀。」

「那你自己想個辦法不就好了？像是搬到公司附近住，這樣就不用去擠電車了啊。」

假如我們像這樣不認同對方，也不接納對方的感受，對方肯定不想再繼續聊下去。

你希望別人怎麼回應你的話，那你也用同樣的方式去回應別人就對了。

Road to Executive

一流的人
會向對方自我揭露

☑ 增加與對方共享的自我樣貌

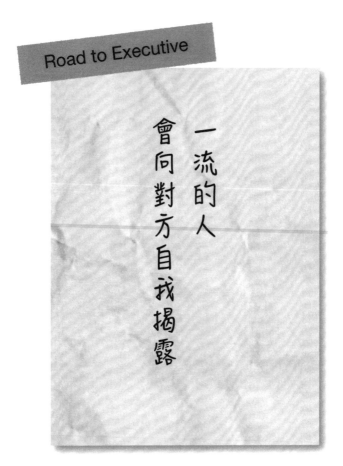

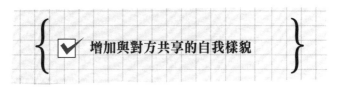

建立信任關係

三流的人自以為已建立信任關係，二流的人看對方的臉色來說話，一流的人會拿出什麼樣的態度呢？

不擅長與人溝通的人通常也不擅長與對方建立信任關係。

「我這樣說會不會惹他生氣？會不會傷害到他？」與人對話時若有這些顧慮，而無法明確地指出對方的缺失等等，都是因為欠缺信任。假如真的信任對方的話，我們就會對自己的發言抱持著「他一定懂得我為什麼要這麼說」、「不論我說什麼，他一定會接受我說的話」的信心。但如果不信任對方的話，我們則會懷疑自己，心想：「我這麼說可能會讓他不開心，還是不要說好了。」

能對信任的人說出自己的真實想法或感受，是因為我們擁有「心理安全感」。

反之，如果不信任對方，那我們就不會產生心理安全感，所以在跟這個人說話時，會先產生「我這麼說，他會不會覺得我很笨」、「我這麼說，他會不會生氣」的不安。

另外，有些人講信用，卻無法讓人信任。不必擔心對方說謊造假、惹事生非等等，就叫做對方講信用；而我們如果無法敞開自己的心懷接受對方的為人及言行舉止，那這樣的狀態就叫做無法信任對方。同理，當對方不願敞開心懷接受我們的舉動或發言，對方很有可能也對我們抱持著不信任的心理。

我們會覺得一個人講信用，是因為相信他的本性，而我們會信任一個人，則是相信這個人的行為或發言等外在表現，例如：「他會回應我的期待」、「他認同我這個人」等等。倘若心裡頭認同對方，卻不做任何表示的話，對方當然感受不到，如此一來便建立不了信任關係。

而且，要是對方不信任我們的話，對方也許就會說：

「因為你說的話前後矛盾。」

「因為你會生氣。」

可能就會像這樣找理由拒絕接受我們說的話。

聽到自己信任的人稱讚自己時，我們會打從心底感到開心，就算對方指責我們的錯誤，我們也會覺得對方說的沒錯，反省自己確實做得不好。

但是，如果聽到自己不信任的人稱讚自己時，我們也許還會覺得：「就算你稱讚我，我也不覺得高興。」對方指責我們的錯誤時，我們甚至有可能覺得：「為什麼我一定要被你這樣批評！」

一流的溝通會讓人擁有心理安全感，這是因為雙方已經建立起彼此信任的關係。

而**心理安全感則可以透過與對方分享自己的想法來建立**。因此，相信對方並坦白地說出自己的想法，才能形成良好的信任循環，更強化彼此的信任，進而增強心理安全感。

Road to Executive

一流的人
會將彼此的關係
建立起心理安全感

帶著信任與對方說話，
對方也會對你產生信任

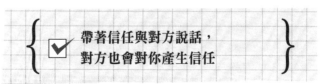

第 3 章

讓人感到「受認同」的說話方式

表達方式

三流的人下命令，二流的人給提示，一流的人會怎麼做呢？

說話時「說什麼」當然很重要，但「怎麼說」也是良好溝通的重要關鍵。也就是說，我們必須使用對方能接受的表達方式，才算是良好的溝通。

「不使用命令句」是正向溝通的關鍵之一。

我自己也相當注重這點，尤其是在跟兒子說話時，一定會提醒自己不要使用命令句。

例如：當我覺得兒子太浪費零用錢，希望他稍微儲蓄時，如果我對他說：

「你把2成的零用錢存起來。」

這樣的說話方式就是在命令他。

「你要不要試試看只用8成的零用錢，然後把剩下的錢存起來呢？」

用這樣的方式跟孩子說話，則是**鼓勵對方試著去挑戰**。

「試試看只用8成零用錢支付你的開銷，這樣你既能存錢又可以學會理財，如何？」

用這樣的方式跟孩子溝通的話，我們還能聽一聽孩子自己的想法。

我會堅持用這樣的方式跟孩子說話，是因為我覺得在培養兒子長大成人的過程中，父母重視他個人具備的人格及意志，就是在尊重他生而為人的權利。但孩子的經驗及知識畢竟不夠豐富，而我們身為大人的經驗及知識都比孩子來得多，所以身為父親的我希望能將見聞中值得傳達的意義分享給孩子。

我的母親非常注重孩子的教養，但她會引導我們自主思考及行動，從來不對我們下達強制性的命令，所以我才能自由地選擇自己要做的事。更令我驚訝的是自從我上了國中以後，母親就再也不開口干預我的任何行動。現在回想起來，身為母親的她除了向我傳達「你已經長大成人了，希望你能做出對自己負責的行為」的無聲訊息，同時也在一旁默默地守候我。母親完全放手讓我自己決定，我就會覺得自己要對一切的行動負起責任。因為父母從未強迫我做任何事情，所以我也沒經歷過叛逆期。

當我們認為自己比對方懂得更多時，可能就會認為自己有資格命令對方、給對方下指令，要求對方遵從我們的意見或做法，以利事情有更好的發展。

不過，要求別人做非出自於個人意願的事情，就是一種強迫行為。假如對方還不成熟，知識跟經驗也還不夠豐富的話，我們**只需要提供自己的知識及經驗給他們參考就好，至於之後要怎麼做，就由對方自己來決定**。

「我覺得這樣做可能比較好，你覺得呢？」

「從爸爸的經驗來看的話，遇到這種狀況的話最好要具備這項技能比較好。」

只要我們能夠根據自己的經驗及知識提供建議給對方參考，並且傳達出「不管你做什麼選擇，都是你自己選擇的人生」的訊息，我們就能幫助對方朝著更好的方向前進。

要特別注意的是，當我們告訴對方：「我覺得這樣做也許比較好。」而對方最後還是做了其他選擇，放棄我們提供的建議時，還是必須接受對方的決定。

因為就算對方再不成熟，經驗與知識再怎麼不足，這都是他們自己所做的決定。

Road to Executive

一流的人會寄予期望
並鼓勵對方迎向挑戰

☑ **向對方傳達你的期許與真實想法**

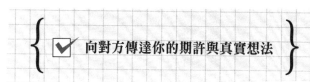

面對問題的方式

三流的人指出問題，二流的人提出解決辦法，一流的人會如何做呢？

我有一個朋友之前在日商企業上班，後來跳槽到外商公司。據說他原本所在的日商企業與後來跳槽的這間外商公司在面對問題時的態度截然不同，讓他感到非常驚訝。

他原本任職的日商企業在面對問題時的因應態度，都是先問「是誰出的錯」，接著再問「為什麼會變成這樣」、「要怎麼負起責任」，最後才會討論「接下來該怎麼解決問題」。而他後來跳槽的這間外商公司在面對問題時，則會先討論「現在應該怎麼解決問題」、「應該怎麼做比較好」、「由誰來處理才能最快解決問題」。簡單來說，日商企業會將焦點放在「問題的發生」，而外商公司則是聚焦於「問題的解決」，我這位朋友便是感到兩種企業體制的態度差別。

當別人不由分說地指責自己有問題時，人都會用比較負面、悲觀的態度去看待眼前發生的事情，自我肯定感也會急速地下降。所以，聽到別人責怪自己「這個做不好、那個做不好」、「〇〇不能這樣做」的時候，我們就會失去了動力及幹勁。

若要激發一個人的幹勁或再次挑戰的勇氣，**首先最重要的就是讓對方感到被認同，使對方擁有穩定的自我肯定感**。就算收到負面反饋，對方也能用積極的態度去接受。

除此之外，如果一開始就讓對方產生消極、負面的態度，這樣就算之後別人提供解決的辦法，告訴他們：「這樣做不太好，下次最好要這麼做。」他們也許只會覺得：「好啦好啦，反正照著你說的去做不就好了。」讓事情不了了之，並未真正地解決問題。

一流的人在溝通時，都會先思考對方有哪些值得肯定的地方。**先認可對方，再向對方表示自己的期許，告訴對方：「我覺得你還可以做得更好。」以此鼓勵對方迎接下一次的挑戰**。這樣一來就不會讓對方的自我肯定感降低，他們也能坦然接受自己的失敗。

「你用你的方式盡力了，我覺得這一點真的很棒。不過，結果好像不如你的預期，對吧？那你現在覺得原本應該怎麼做才會比較好呢？」

有時我們當然也可能覺得對方的努力不足。不過，我們首先要認同的是對方的努力及挑戰，而不是在意對方付出了多少努力。假如對方發現自己努力不足的話，我們也可以針對這一點給予對方肯定及認同。人不挑戰的話，就不會有任何改變。所以，有時**失敗其實並不是真正的失敗，而是再次挑戰的機會**。

另外，我還要推薦組織或團隊的領導者經常使用以下兩個語詞。

那就是「**挑戰**」以及「**更加**」。

「想要實現這樣的未來，那我們就必須做這樣的挑戰。」

「這樣做的話，就會變得更加理想。」

對話中經常使用這兩個語詞有助於改善並提升對方的動力。

日本人都很不擅長指出別人的缺失，很容易為此感到生氣或選擇逃避。

但只要我們聚焦在好的一面，以帶有「挑戰」及「更加」的句子來表達，這樣不僅更容易說出負面回饋，對方也會更容易接受。

Road to Executive

一流的人
會讓對方明白
這是下一次的挑戰

就算對方失敗了，
也要鼓勵對方再次挑戰

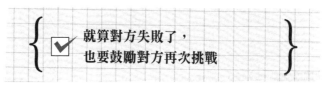

肯定感

三流的人只會說教，二流的人盲目稱讚，一流的人會怎麼做呢？

有很多日本人都不擅長或不喜歡稱讚別人。也許他們心裡有這樣的想法，卻還是覺得開口說出來是一件令人尷尬、難為情的事。

坦白說，我覺得如果不擅長稱讚別人的話，真的不必勉強自己一定要這麼做。平時不習慣開口稱讚別人的人若勉強自己這麼做的話，不僅自己覺得難為情，對方聽了也會覺得很尷尬。但其實還有一種方式可以更容易對別人說出正面的話語。

那就是**「給予肯定」**。

各位知道「稱讚」跟「給予肯定」的差別在哪裡嗎？

例如：小孩子為了參加鋼琴發表會，一直不停地在練習。你看了發表會以後，如果你說：「好棒啊！你今天彈得真好！」這就是「讚美」。

如果你說：「你從頭到尾都沒有彈錯喔！」這就是「給予肯定」。

例如：你的下屬這個月達到了800萬日圓的業績。

你對他說：「幹的太好了！」這就是讚美。

你對他說：「你真的做到了！」這就是給予肯定。

給予肯定是對於事實的描寫，所以就算是不擅長開口稱讚的人也能輕鬆說出口，而對方也會很開心聽到別人對自己的肯定。

讚美是被讚美者的行動成果達到讚美者心中的標準以後的感想描述，帶有主觀意識。

所以，我們就算做了同樣一件事情，有時可能會得到稱讚，有時則可能得不到稱讚。做同一件事卻得不到稱讚，會令人心生「我明明做得很好，為什麼不誇獎我」的不滿。

給予肯定則是對於事實的描述。

例如：你要求對方「要在鈴響3聲內接起電話」，對方做到了你的要求以後，你對他說：「你真的都能在鈴響3聲內接起電話呢。」這就是對於事實的肯定，不論在什麼情況下都不會有所改變。而且，給予肯定還能讓對方感到開心，讓對方知道自己的努力都被看在眼裡。因此，向對方傳達出事實確實是相當重要的一件事。

有句話叫做「稱讚讓人成長」，但也有人懷疑只有稱讚的教育是否真的能使人成長。

我個人認為讚美跟訓斥同樣都很重要。

但我覺得有人支持「稱讚會讓人成長」的觀點也不算奇怪，因為人太容易去注意別人的缺點，所以必須有意識地去稱讚別人的好，才不會只看到別人的缺失。

我們就算無意對別人吹毛求疵，有時還是會不自覺地注意別人的缺點及毛病。尤其是在主管與下屬、父母與子女、長輩與晚輩的上下關係中，往往更容易出現這樣的傾向。所以，我們若不提醒自己要稱讚、肯定對方的好，便會不自覺地只在意別人的缺點或毛病，開口閉口就是批評別人的不好。因此，不妨保持著「稱讚能夠讓對方成長」的想法，有意識地去讚美、認同別人，才能讓我們在讚美與訓斥之間取得平衡。

Road to Executive

一流的人
會在稱讚與訓斥之間
取得平衡

不必勉為其難地稱讚，
只要肯定對方即可

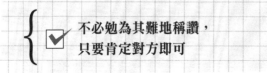

面對他人的失誤

三流的人責罵並要求改正，二流的人指出失誤，一流的人會如何指出錯誤呢？

在責問他人的失誤或反駁他人的意見時，我通常還會跟對方說：「別讓你一直以來的努力化為泡影。」我會先肯定對方的努力及做得好的地方，然後**引導對方發現自己的過錯**。如此一來，對方就不會產生「被怪罪」的感受，能坦白地接受並修正自己的過錯。

人類是一種情感豐富的動物，即便我們說的都是同樣的事，但只要表達的方式出了一點差錯，就有可能傷害到對方的感情。

三流的人遇到下屬犯錯時，也許就會直接對著下屬說：

「你怎麼不檢查仔細呢!?」

而這樣的講話方式充滿負面的批評，會讓受到指責的下屬產生自我否定的心情。

而如果你只會說對方失誤的原因，或只說出你的感受，例如：

「你剛才〇〇對吧？你是因為〇〇，真的不太好喔。」

「我之前才跟你說過〇〇的事，結果你又犯了同樣的錯，我真的很失望喔。」

這樣的表達就是二流的說話方式。

假如你希望用一流的方式跟對方說，那你就應該說：

「你最近工作真的很認真，不過要是出了錯就不好。要好好檢查仔細，才不會讓你一直以來的努力化為泡影。」

先肯定對方的努力，再告訴對方怎麼做才不會讓自己的努力白費。如此一來，部下就會發現是因為自己檢查不周才會出錯。

下屬在工作上犯錯若讓你感到失望，是因為你對下屬有所期待，也肯定對方有能力做得到。你對部下的肯定是一項正面的事實，所以除了指出他們犯錯的原因所在，還要表達出這項正面事實，這樣部下就會用不同的態度來面對。

各位可以試試看依照**事實**、**影響**、**感受**、**尊重對方**的4步驟來表達。舉例來說，假設小孩子不小心在餐廳打翻了水杯。

「我都已經跟你說了好幾次，叫你要小心！」

「你又打翻水了！」

請不要立刻像這樣對孩子大發雷霆，並試試看按照以下的步驟跟孩子說話。

事實：「你剛才打翻了水，對吧？」（描述具體的事實，讓孩子知道哪個行為做錯了）

影響：「這樣會把地板弄得又濕又滑，別人經過的時候會很危險，而且店員打掃起來也很辛苦，對吧？」（具體描述會造成哪些影響）

感受：「爸爸剛才已經提醒你要把水杯放在左邊，但你沒有聽爸爸的建議，所以還是打翻了，爸爸覺得很失望喔。」（坦率地表達你對於這件事的感受）

尊重：「現在變成了這樣，你有什麼想法呢？」（表示對對方的尊重）

哪怕是年紀再小的孩子，一樣具有人格以及個人意志。我認為尊重對方並引導對方了解過錯在於自己，是我們身為長輩及經驗豐富的人應該要做的事情。

Road to Executive

一流的人
會讓對方警覺
「至今的努力
有可能化為泡影」

同時表達出「感到遺憾」的心情，
讓對方了解是自己做錯了

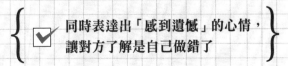

責備方式

三流的人用「情緒」攻擊對方，二流的人否定「人格」，一流的人會用「什麼」來表達呢？

一流的人會做到「人」與「事」的分離，將說話的焦點放在「事情」。

責備時最重要的是告訴對方「你做的事出了錯」而不是「你有錯」。

不懂得責備的人就會批評、指責「人」，更不懂得的人會還帶著「情緒」譴責、謾罵對方。

如此一來，就會讓被責備的人覺得自己受到了否定。

我也曾遇到團隊的成員出錯。在對方出錯以後，我這樣跟他說：

「錯的並不是你這個人，而是你做的事情。剛好是你負責做這件事，所以犯錯的人才是你。換成其他人負責的話，說不定也會發生這樣的事情。」

然後，我再請對方去思考是「什麼事」做不對才會出現這樣的錯誤，而不是去糾結是「誰」做得不對。

當團隊成員出錯，並請對方思考哪裡做錯了以後，對方或許會反映是因為流程有問題才會造成失誤。

「既然如此，那這次的失誤就是自我檢討的好機會，我希望你可以提出因應對策以防同樣的事情再度發生。」

在我用這樣的方式跟對方提醒以後，就再也沒發生過同樣的失誤。

責備是為了不再發生同樣的失誤。而且，其實許多失誤的原因都在於流程有問題等等，並不在於負責的那個人。即使如此，我們還是會去怪罪及否定對方，這樣肯定也會讓對方不高興，覺得：「我受不了！真的做不下去了！」

不得不責備對方時，絕對不能否定對方的人格及為人。因此，我們在跟對方說話時，一定要把重點放在發生的「事情」，這也是有技巧地責問的關鍵之一。

有一份問卷調查了Z世代年輕人的意見，發現非常多年輕人都回答「事情做不好的時候，希望主管可以罵我」。也許是因為許多年紀較大的主管都擔心責備下屬會被當成職權騷擾，於是選擇沉默不言。

主管對下屬的責備會被當成職權騷擾，是因為主管在責備時對下屬發飆，施加情緒暴力。當主管透過以自我為軸心的憤怒來表達某些事情時，就會變成職權騷擾，動怒只是為了自我滿足。

反之，**責備則是以對方為軸心的教導**，必須摒除個人的憤怒情感。

「你能跟我說說你現在對自己的評價嗎？」或「你這個月並未達成目標，對吧？那你覺得哪裡做得不足呢？應該怎麼做才好呢？」

首先聽一聽對方的現況，再指出事實，了解對方打算怎麼做才能達成目標。然後，我們再根據對方的想法，盡可能地多加補充我們的看法。

「你說的方法或許行得通，不過我覺得目前挑戰看看這麼做的話，應該會更好。」

這才是一流的責備方式。

Road to Executive

一流的人會「就事論事」

要「就事論事」，
不要「人身攻擊」

解決問題

三流的人抱怨跟處罰對方，二流的人譴責對方，一流的人在說話時會把焦點放在哪？

為了解決問題而訓斥他人時，就應該把目光的焦點放在問題的**「解決」**。這也是一流的人在訓斥他人時的必要觀念。

有人認為**「環境管理」**是解決問題的方式之一。「環境管理」不提倡以譴責、處罰等方式處理問題，而是透過改善環境，讓人自然地採取理想的行動。

環境管理有3個重點，分別是「改善對象」、「你希望的行動」以及「該怎麼做才能讓對方自然採取這個行動」。在充分考量這3個重點以後，我們才能針對問題所在的環境進行最適合的改善。

例如：日本曾發生過孩童被遺忘在校車上的事件，而歐美國家則透過環境管理的概念來防止這一類的事件發生。有些歐美國家的校車在熄火拔掉鑰匙以後，車內就會開始發出警報聲，必須有人到車廂的最後面並按下紅色按鈕，警報聲才會停止。所以，只要校車的車廂有這樣的設計，校車司機就必須走到車廂的最後面按下按鈕，如此便能發現是否還有孩童遺留在車上。

我當初在創業的時候，希望公司的同仁來上班時都能互相打招呼問候，於是我也採用了環境管理。

我成立的公司規模很小，員工並不多，但就算我再怎麼呼籲，請大家要好好地跟其他同事打招呼問候，依然有人對此採取敷衍了事的態度。所以，有一次我就偷偷地在公司門口裝了一台攝影機，錄下了每一位員工進公司上班時的樣子。然後，等到大家都到公司，我便集合所有人，並告訴他們：「很抱歉沒有事先告知各位，但因為大家在打招呼問候這件事上一直做得不夠徹底，所以我在公司的入口裝了一台攝影機，這樣就能知道大家都是怎麼跟別人打招呼了。」我不只一邊讓大家看影片一邊聽我說話，還請了總是親切地跟我打招呼的同事E給大家示範，讓大家去討論自己看了同事E的示範之後有何感想？覺得自己應該怎麼跟別人打招呼比較好？最後，我又問他們：「今天我再度針對打招呼問候的這件事跟各位談了許多，請問有誰願意讓我們的公司從明天開始變成一間同仁之間能互相問候的公司呢？」在取得所有員工的共識以後，最後我向大家說：「好，我希望各位明天早上來上班的時候，都要用最好的態度跟同事們打招呼問候。」並且將攝影機光明正大地安裝在公司大門的前方。

做了這樣的環境管理以後，大家從隔天開始都用親切的態度跟同事們打招呼。我也讓員工都看一看他們「今天打招呼的樣子」與「昨天打招呼的樣子」，比較自己前後有何不同。

並不是所有員工都從隔天就改掉以往的打招呼習慣，不過他們還是很快地就修正過來，後來每個人都用親切的態度跟其他同事們打招呼問候。

只要我們規劃好可以解決問題的機制，並且好好地跟對方說明，就能讓對方改變他們的行動。

Road to Executive

一流的人會規劃
解決問題的機制，
並好好向對方說明，
讓對方主動改變行動

說話方式也能適用
環境管理的概念

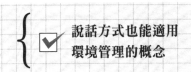

第 4 章

讓對方願意行動的說話和引導方式

促使行動

三流的人滿足於表達，二流的人滿足於得到理解，一流的人滿足於什麼呢？

「表達」與「傳達」是性質完全不同的兩種溝通。

「表達」指說話者只要傳遞出訊息就算完成了溝通，不管對方是否在聆聽，也不管對方是否理解，是說話者一廂情願的溝通。

另一方面，「傳達」則是說話者要傳遞出訊息，且對方也確實接收到訊息，才能算完成了溝通。因此，**對方一定要確實接收並且理解訊息內容**，才能稱為「傳達」。

各位有沒有想過與別人進行溝通的目的是為了什麼？

溝通的目的並不是單純地表達，**而是要讓對方理解你表達的訊息，為對方的行動帶來改變，促使對方採取必要的行動。**

因此，止於表達的溝通其實不過是說話者在自我滿足的三流溝通。

「我已經說了。」

「我說了好幾次了。」

「我之前也跟你說過同樣的話。」

出現這樣的情況是因為對方雖然聽到了你在說話，卻並未認真聽你說了些什麼。

以為只要開口就能「傳達給對方知道」、「讓對方理解」不過是自己一廂情願的想法。

正因為抱持著這種自以為是的想法，所以有時明明是自己並未確實將訊息傳達給對方，卻心想：

「他這個人什麼都不懂！」

「這個人到底有沒有在聽人家說話啊？」

或是對別人說出：

「同樣的事情我不想一說再說！」

除此之外，有時對方確實聽到我們在說話，也理解我們所說的話，但他們就是不會有所行動。就算他們同意我們說的話，也說：「我覺得這樣真的很好耶。」卻不會產生「好！那我就從今天開始試試看這樣做吧！」的想法並且付諸行動的話，那麼這次的溝通就不能算是完美的溝通。

「我希望你這麼做，你能懂嗎？」

你這樣跟對方說，但對方還是回答你：

「我知道啦。」沒有產生行動意願的話，那就是三流的溝通。

溝通的最強武器是**言語**。不管是言語、表達方式還是交流方式，說到底都是用來引導對方採取必要行動的工具，就像一把鋒利的剪刀一定要用來剪裁物品，而不是拿在手上把玩，才能發揮出它作為裁剪工具的意義。我們沒辦法讓對方採取必要行動，是因為言語等溝通工具沒有發揮出它們的效果。要徹底改變這些工具，這樣我們的溝通才會是「傳達給對方了解的溝通」。

有個太太跟丈夫說：

「去幫我買6個雞蛋跟鮮奶回來。」

丈夫聽到太太的指令以後，立刻就出門購物，並且帶了6罐鮮奶跟6顆雞蛋回家。

「6罐鮮奶根本就喝不完啊！我明明就叫你買1罐鮮奶跟6雞蛋！」

這位太太看到丈夫買回家的鮮奶跟雞蛋以後，就把丈夫臭罵一頓。這個故事讓我會心一笑，同時也讓我再一次地感受到「人類果然是一種自以為是的動物，總以為別人一定聽得懂自己想說什麼」。

如果想要讓自己成為一流的溝通大師，那就必須抱著「我表達了並不代表對方也理解了」的前提去溝通。

假如我們帶著「我表達了對方就會理解」的前提跟對方說話，那我們或許就會誤以為彼此之間的溝通已經成立，很有可能引起誤會或造成紛爭。

那麼該怎麼做才能引導對方採取必要的行動？這個問題的答案也因人而異。

假設你借錢給朋友，那你覺得對方跟你借了多少錢，你就會請對方盡早還錢給你呢？

當我在講座中問到這個問題時，大家回答的金額都不一樣。

也就是說，能讓人採取行動的動力本來就不可能人人皆同。

所以，為了讓自己能在必要時拿出必要的工具使用，**我們就必須配合眼前的對象，改變及調整我們的溝通**。並且去思考應該怎麼跟這個人說話，才能引導對方按照我們說的話去採取必要的行動。別以為自己說一次、兩次就能讓對方明白，有時說一次不行的話，那就要說兩次；說兩次再不行的話，那就說十次、一百次。

反過來說，傳達不順利並不是你的錯，而是你的言語、表達方式、溝通方式等等工具使用得不恰當。

「我應該使用哪項工具來溝通，才能讓對方採取行動？」將說話的焦點放在這個問題上，直到你能跟對方說出「謝謝你這麼做」，那才是一流的溝通。

Road to Executive

一流的人滿足於能讓對方採取必要的行動

把焦點放在如何讓對方採取必要的行動

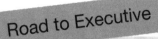

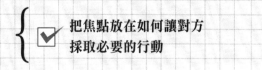

具體化

三流的人使用狀聲詞，二流的人使用形容詞，一流的人如何具體化呢？

有些人溝通之所以傳達不出訊息，是因為他們經常使用方便卻籠統的說話方式。你也會使用以下這些方便卻籠統的說話方式嗎？

「我們好好地建立溝通吧。」
「好好確認才不會出錯。」
「要採取負起責任的行動。」
「好好地加強。」
「快一點。」
「更仔細一點。」

除此之外還有很多方便卻籠統說法，我就不多說了。

這些方便卻籠統的說話方式連我也會忍不住使用，但是太依賴這些說話方式的話，我們的溝通就沒辦法促使對方有所行動。

具體要做到什麼程度才叫做「好好地做」？

「負起責任的行動」是什麼樣的行動？

「確實地」「強化」指的到底是要把哪一件事情做到什麼樣的程度？

「早一點」指的是在什麼時候之前做好？還是指要用多快的速度做？

做到什麼程度才叫做「更加」？要怎樣什麼才叫做「仔細一點」？

這些問題可能會依據每個人、每間公司或每個家庭的不同，而有截然不同的答案。

也就是說，方便卻籠統的說話方式**沒辦法承載正確的資訊，是造成失誤的原因所在。**

「你要對女朋友溫柔一點。」

別人這麼跟你說的時候，你覺得為女朋友做哪些事才是溫柔的表現呢？這時你的腦海裡應該會浮現出許多不同的答案吧。

「女朋友在沙發上小憩時，記得幫她蓋上一件薄被。」

若是這樣給予指令的話，不管是誰聽到這句話，最後採取的行動都是大同小異。也就是說**這是因為我們很明確、具體地下達動作的指示，對方的行動就不容易出錯。**

假設有一間餐廳的日本籍老闆看見店內的外籍員工正在擦桌子，並對這位店員說：「桌子要擦更乾淨一點。」就是最典型的使用方便卻籠統的說話方式。「更加」、「乾淨一點」都是很籠統的形容，再加上日本人跟外國人的文化背景不同的話，對於這些形容用詞的理解肯定或許也南轅北轍。所以，就算這個老闆一再地提醒員工，員工肯定也不理解老闆要他做到何種程度，問題依然得不到解決。

「把抹布放在桌面的左上角，往右邊一直線擦到底再換下一行。第二行一樣從左往右擦到底再換下一行。這樣擦完整個桌面以後，再換成從左上角往下一直線擦到底，然後換下一排，依此類推。」

如果這個老闆是像這樣說明的話，員工應該就能確實地理解他的指令。

我之前將據點移到新加坡時，也在眾多語言、文化的環境中，深切地感受到方便卻籠統的說話方式確實帶來了不少的誤解及問題。最近，也因為不同世代之間的文化背景截然不同，經常讓我有感「完全不能理解年輕人說的話」，年輕人對我說的話也同樣有「我聽不懂大叔你說的話是什麼意思」的感覺。就是因為這樣，與人溝通時要極力避免使用籠統的說話方式，才會是一件這麼重要的事情。

若要避免話說得不清不楚的情況，我建議各位在說話時要多使用動詞及數字，避免使用形容詞或狀聲詞（擬聲擬態詞）。

天底下的父母幾乎都有個口頭禪，那就是——

「你給我差不多一點！」

孩子聽了以後，肯定都是心想：「差不多是差多少啊？」

「已經10點了，不要再打電動，去睡覺了！」

但如果父母是這樣說的話，即使是三歲小孩也一定聽得懂。

有位橄欖球的教練在指導球員時，他從不說：

「球丟得太慢了！」

而是直接跟球員說：

「你傳球的速度慢了3秒！」

據說他都是用這種方式指導球員，讓球員清楚自己應該改進哪個部分。

而且，只要具體地說出「何時」、「何地」、「何人」、「與誰（對誰）」、「做什麼」、「為何」、「如何」、「多少」等資訊，以及數量、品質、成本、期限、規定等資訊，就能減少許多話說得不清不楚的情況。

其實，我也曾經為了減少話說得不清不楚的情況，而把這些資訊都做成了表格，然後按照這張表格給下屬下達指令。後來因為太過費工了，所以就不再繼續製作表格，但也讓我深刻感受到我們與人的溝通原來有這麼多話說得不清不楚的情況。與其一項一項地確認對方有哪些事情不知道，不如從一開始就跟對方把話說清楚、講明白，這樣反而更省時省力，也能減少錯誤的發生。我真的很希望大家在說話時都能為彼此著想。

Road to Executive

一流的人
會明確地說出動作

指令不要模糊不明確

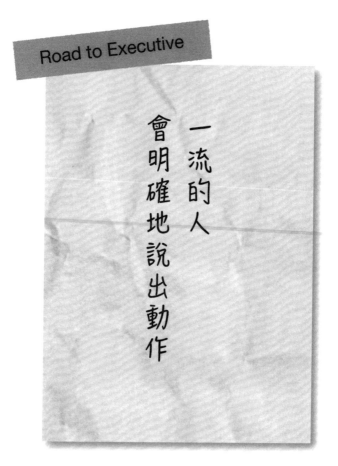

理解度

三流的人照著自己的見識說話，二流的人配合對方的見識說話，一流的人會如何跟不同的人說話呢？

我兒子還是個國小生時，每當他做了不對的事情，我都會開口教導他一番。每次說完以後，我都會問他：「聽懂了嗎？」

「嗯，聽懂了。」

兒子都會這樣回答。我接著再問他：

「那你現在可以告訴爸爸，你聽懂了什麼嗎？」

結果，兒子回答我：

「我不知道。」

「好，那我再跟你說一次……這樣你聽懂了嗎？」

「我聽不懂。」

我發現不管我怎麼說，兒子好像都不能理解我說的話，於是我問他：

「那你可以告訴爸爸，你覺得爸爸說的話哪裡讓你不懂了？」

最後，兒子回答我：「爸爸說的事情太難了，我聽不懂。」

對話後我才意識到並不是兒子不認真聽我說話，而是我說的內容太難懂。

所以我就試著用比較簡單的短句跟他逐一解釋，確定他真的聽得懂後才繼續說明下去。這樣一來，兒子終於明白我教了他什麼。

要是我一開始就認定兒子肯定聽得懂我說的話，對於他回答的「嗯，聽懂了」不再多加確認的話，那麼我等於什麼都沒教會他。

小孩子經常出現**未真正聽懂別人在說什麼的情況**。聽不懂大人說的話是什麼意思、別人說的內容太難了所以聽不懂、不知道為什麼是這樣、自己根本就沒有這樣子想過、自己不認為是這樣、把別人說的話理解成其他意思……

但並不是只有小孩子才會聽不懂別人說的話。我們交談時也會不時有「未真正把意思傳達給對方」的情況，這時就要靠彼此的經驗相互磨合。

要讓彼此的磨合變得更簡單容易的話，也可以**配合對方的知識程度或理解程度，修正自己說話的軌道**。假如你說了，對方卻聽不懂的話，**那就試試看舉個簡單易懂的例子**。倘若對方還是聽不懂我們舉的例子，那就再換一個例子。很多時候都必須像這樣一再地舉例，才能讓對方真正聽懂我們要表達的是什麼。

為了幫助各位理解我所要傳達的事情，我在書中也舉了很多例子，我盡可能地以日常中的經驗和知名人物的故事當作例子，增進各位的理解程度。

依照**「傳達↓體驗↓回顧（察覺）」**的順序說話是傳達訊息的不二法門。

「你可以按照我說的方式，試試看〇〇嗎？」

「謝謝你做了〇〇。嘗試過後的感覺如何呢？」

「這部分改成這樣做的話，成果會更好喔。」

先告訴對方要做什麼，讓對方嘗試後，再促使他們去反思，必要時再給予對方反饋。

不過，**當對方沒有相關的知識或經驗，或者我們要傳達的是艱深的問題、偏離日常的**

內容時，依照「體驗↓回顧（察覺）↓傳達」的順序，或許會更容易讓對方理解。

「總之，你可以做〇〇嗎？」

「謝謝你做了〇〇。嘗試過後的感覺如何呢？」

「這部分再這樣做的話，成果會更好喔。」

請對方採取行動後，再引導其反思，同時把想傳達的事情反饋給對方。

「那麼，你可以試著再做一次嗎？」

接著再請對方體驗一次，對方就會理解，也更容易引導其採取必要行動。

另外，即使對方具備相關知識或經驗，但對於我們要說的事情**不感興趣或缺乏動力的話，那麼依照「回顧（察覺）↓傳達↓體驗」的順序**也許比較能讓對方理解與接受。

「你看前輩在做的這項〇〇工作，你覺得如何呢？」

「你說的也沒錯，這次我想讓你做做看這項工作，你有沒有辦法勝任呢？」

先讓對方觀察，再告訴對方我們希望他這麼做，才讓對方開始行動，這樣就能以對方的觀察為出發點，激起對方的興趣，所以對方也會更容易理解我們想傳達的重點。

「你做得很不錯，之後再這樣做的話，成果會更好喔。」

最後像這樣給予反饋，對方就會更容易接受。

我在前面說過，溝通的目的是為了讓對方理解我們想傳達的事情，引導對方採取必要的行動。所以，要達成這個目的的話，我們就必須確認對方是不是完全理解我們想傳達的事情，仔細地修正我們傳達訊息的軌道，讓對方從「我還是有點不太懂」、「我不太能理解你想表達的事情」的狀態，到達「原來你要說的就是這麼一回事啊！」的狀態。

除此之外，如果對方平時就認為「行動也許對自己有幫助」，那麼我們在傳達時也要一併將行動的好處告訴對方，這樣對方就會更容易有所行動；如果對方平時認為「行動也許會帶來風險」，那我們則要告訴對方不行動的話反而會造成哪些不好的結果，這樣才能更容易引導對方採取行動。人其實很單純，只要知道自己想要的是什麼，就更容易動起來。

Road to Executive

一流的人
會配合對方
更改說話的順序

☑ **視對方的反應，
持續修正說話順序**

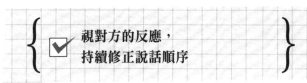

比喻

三流的人不說明，二流的人會說明，一流的人會如何讓對方思考呢？

「例如……」

我想各位可能已經感覺到我的口頭禪是什麼了。沒錯，這句話就是我的口頭禪。舉例說明是個非常好用的溝通方式，所以我在跟別人對話時，都會舉出非常多的例子用來輔助說明跟解釋，便在不知不覺之間形成了這句口頭禪。

就說話者的立場而言，只要開口說出「例如……」時，腦袋就會自然地開始運轉，努力找出能讓對方更容易理解的例子。不過，有時我如果找不到適合用來說明或解釋的例子時，我還是會換個方式來表達我想說的話，例如：「我暫時想不到適合的例子跟你說明，簡單來說就是……」

人是一種受情感驅使而行動、以理論使行為正當化的動物。因此，要讓別人有所行動的話，最重要的就是引起對方的情緒反應。而要引起對方的情緒反應，就必須透過對方熟悉的比喻，讓對方把我們說的事當成自己的事來看待。這就是為什麼使用比喻或舉例能在人與人的溝通中發揮它們的效果。

「真的有這件事，對吧？」

「換成是你的話，你就不喜歡別人這樣對你，但別人還是這麼做了，你會做何感想？然而你剛才就對別人做了同樣的事情。」

像這樣使用對方可能有過的同樣經驗來打比方，讓對方將我們說的事當成是自己的事來看待。透過這樣的方式，才能更加明確課題以及問題所在。

人類就是這樣，別人光是講道理的話，我們就只會用腦袋去理解，很難去感同身受，所以就不會覺得那是跟自己有關的事情，或覺得那種事情不可能發生在自己身上。

舉例來說，「請保持廁所清潔」就是在跟人講道理。但如果換成：

「你進到廁所卻看到廁所髒兮兮的樣子，你也覺得很討厭吧。」

聽到別人這樣說的話，我們就比較容易設身處地去思考這件事。

其實，我的母親在我還小的時候，就會跟我說：

「你不喜歡別人這樣對待你的話，你也別這樣做；別人這樣對待你會讓你感到開心的話，那你也要這樣做。」

打比方是**為了讓對方去模擬同樣的感受，讓對方設身處地去思考**。

「舉例來說……」

「假如……」

希望各位務必試試看在對話時像這樣透過假設或舉例的方式，引起對方的情緒反應，讓對方設身處地想一想。

Road to Executive

一流的人會使用比喻

透過熟悉的比喻
讓對方設身處地思考

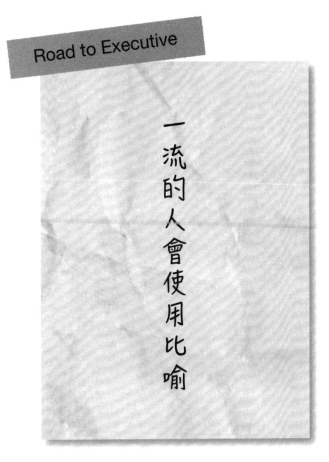

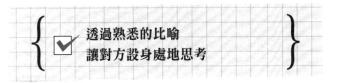

”

立場

三流的人直說希望對方做的事，二流的人是為了自己才拜託對方，一流的人會從哪個角度跟對方說話呢？

希望對方做某件事情時，我們只要先思考該怎麼表達，對方才會更願意接受的話，就比較容易引導對方採取我們認為的必要行動。

請各位想像一下自己在搭乘計程車時的情況。各位覺得計程車司機為何要跟乘客說「請繫上安全帶」呢？

這個問題沒有統一的標準答案，接著再請各位想一想以下這幾句話。

「請後座的乘客同樣繫上安全帶。」

「請後座的乘客同樣繫上安全帶。如遭遇交通事故，本公司概不負責。」

「為了您的安全，請後座的乘客同樣繫上安全帶。」

這三句話給人的印象完全不一樣，對吧？

三流的人在表達時只會告訴對方要做什麼事；二流的人為了讓對方同意採取行動，也會同時將理由告訴對方，但理由大多都是因為貪圖自身方便；而一流的人在溝通時則會**先站在對方的立場為對方著想，再告訴對方自己希望對方做的事情**。

為什麼要站在對方的角度傳達我們想說的事情呢？因為**語言會成為現實**。

如果我們只為自己考量的話，說出口的理由就會是「因為你這樣會讓我很困擾」，而我們也會以「我不會承擔任何責任」等負面的言語說出這個理由；但如果我們是為對方考量的話，說出口的理由就會是「我覺得你這麼做是對你有利的」，然後就會以「這是在保護乘客的安全」等正面的言語說出要這麼做的理由。

人們需要**使用必要的語言來達到他們想要的成果**。

我舉一個最簡單的「話說出口必然成真」的例子。假如我們心裡想吃的是拉麵，卻對店員說：「我要一份豬排蓋飯。」那麼店員送來的餐點肯定就是豬排蓋飯。所以，我們真的想吃拉麵的話，就一定要跟店員說：「我要一份拉麵。」

反過來說，說話時有一點很重要，那就是絕對不要對我們追求的成果說出不必要的話。因為，**人都會被自己說的話以及想像的畫面制約**。這也是我在前面說過「未來會因自己說的話而改變」的語言相對論。

「不要打太低！」（說出不希望對方做的事情）

這是教得不好的棒球教練會說的話。

「球打高一點！（說出希望對方做的事情）

這是教得好的棒球教練會說的話。兩者的差別就在於此。

也就是說，心裡一直想著不好的畫面並不會有任何幫助，開口說出或去聽這些事情更是完全沒必要。與其做這些沒意義的事，不如把想要的事情說出來，不是更能提升我們成功的機率嗎？

Road to Executive

一流的人
會在站在對方的立場
再提出請求

站在對方的立場再提出請求，
以有利對方的好處促使對方行動

言出必行

三流的人只說要求，二流的人好言相勸，一流的人會讓對方說出什麼呢？

根據某項資料，被迫完成別人交辦的工作時的生產力如果是1的話，那麼欣然接受並完成別人交辦的工作時有1.6的生產力，經過自己思考並完成自己決定執行的工作時的生產力為1.6的1.6倍，也就是2.56。這三種工作情況的生產力不同，是因為人人都具有合理化的傾向，也就是**讓個人的意志與行動之間保持一致性**。

假如要利用這項一致性原理，請已預約的顧客在欲取消時主動來電連絡，以減少預約未如期出現的情況，你會怎麼換個方式說話呢？

「如果要取消訂位的話，再請您來電取消訂位。」

假設這是原本的說話方式。

「由於還有其他客人在等待候補，若您要取消訂位的話，請務必來電取消。」

這樣則是能讓客人接受必須這麼做的說話方式。

「若您要取消訂位的話，能否麻煩您來電取消訂位呢？」

而這樣則是讓對方不自覺地做出允諾的說話方式。

一位美國的研究學者真的做過這項實驗。

實驗結果顯示，當店員稍微改變說話方式，將原本的「如果要取消訂位的話，再請您來電取消」改成「若您要取消訂位的話，能否麻煩您來電取消呢？」以後，訂位的客人未如期出現的情況果真大幅減少。

也就是說，當客人回答「沒問題」以後，等於做出「我已經答應對方了」的無形承諾，並且基於一致性的原則形成「既然話都說出口了，就要做到」的意識。因此，這樣的說話方式就能促使客人在欲取消訂位時主動致電聯絡店家。

所以，當我們想請對方做某件事情時，只要利用這項一致性的原則，**讓對方說出自己的決定**，就能得到相當不錯的效果。

例如主管在交辦工作時應該問：「你什麼時候能做好？」而不要直接規定期限。這樣對方便會回答：「〇月〇日〇點前可以完成。」

由於期限是自己決定的，對方就會基於一致性原則的作用，形成「我必須在這個期限之前完成」的心理。假如我們希望對方再早一點完成的話，還可以這樣說：「不好意思，請問你什麼時候能做完呢？我希望你可以盡量早一點完成，萬一有問題的話，至少還有一點緩衝時間。」

只要這樣跟對方說，對方如期完成的機率就會更高一點。而且使用疑問句的話，也能有效促使對方說出自己的想法及決定。

這個方法也適合用在跟小孩子說話。我們在跟孩子說話時可以提供選項給他們選擇，讓小孩自己決定。即使是小孩子，也會因為是自己做的決定，而強化他們「說好的事情就要做到」的意識。

Road to Executive

一流的人
會讓對方說出
「好，沒問題」

善用一致性原則，
讓對方說出「好，沒問題」

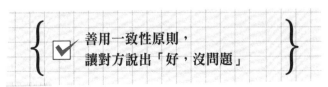

說話時機

三流的人一想到就開口，二流的人想說時才開口，一流的人會在哪個時機點開口呢？

就像我一再在這個章節提及，溝通的目的是讓對方接收到我們想傳達的訊息，並引導對方採取必要的行動。因此，懂得先思考自己**應該在哪個時間點、用什麼方式說話，才能準確傳達訊息並引導對方採取行動**，才是一流的人使用的溝通方式。

「我現在不想聽你說這些！」

這樣的對話經常出現在你我的日常生活。除此之外，各位或多或少也聽過別人說過「如果你在我心情好一點的時候，而不是現在跟我說這些的話，也許我會比較聽得進去」、「如果是男朋友這樣跟我說，而不是我爸媽的話，我肯定會馬上去做的」等等的話吧。「我現在心情很差，你別再跟我說這些話。」各位肯定也聽過別人對你這麼說吧。

一旦弄錯了傳達訊息的時機，即使我們說的是正確的事，對方也可能連聽都不聽。正因為如此，**「傳達的時機」、「由誰來傳達」以及「當下的狀況」才會如此重要**。

要傳達非常重要的事情時，與其選在對方心情低落時開口，不如等到對方的情緒穩定時再提起，才更容易讓對方接受我們想傳達的事。

好比棒球的傳接球，若只顧著自己開心，想怎麼投就怎麼投，卻不管對方能不能接到球再回傳的話，那就失去了傳接球的意義了。看準時機並投出好球，才是傳接球的意義所在。

另外，**與人溝通時不只要注意對方的狀態，自己的狀態是否良好也非常重要**。

我自己在情緒過於激動，或是想法比較悲觀負面時，都會極力克制自己別在當下做出任何發言。因為，我知道就算自己再怎麼努力保持冷靜，說起話來的態度還是會不自覺地變差，也可能說出一些帶有攻擊性的言語。我認為，一定要先讓自己真正恢復到冷靜的狀態以後，再開口說話或傳送文字訊息給對方，這樣才不會影響對方的情緒，讓對方能好好地接收我們想傳達的訊息。

同樣地，工作方面也不要臨時決定開會或緊急找對方商討事宜。假如真的必須要急著跟對方說，則要先徵求對方的同意。例如：

「抱歉，因為這個原因必須緊急跟你討論一些事情，你現在方便嗎？」

一定要像這樣先開口表明原因，並徵求對方的同意。

「我有一件事要跟你談談，可以嗎？」

先向對方確認好，再開始說正事，這樣對方才會切換到聆聽的狀態，讓談話的氣氛更好一些。

前陣子，我上健身房請教練指導健身動作。不過，另一位比較資深的教練可能覺得我的教練指導得不是很好，便走過來對我們說：

「我有個建議，你們要不要聽聽看呢？」

「咦？怎麼了嗎？」聽到那位資深教練這樣問，我們兩個當然也切換到聆聽的狀態。

那位教練接著說：

「你剛才做的時候，手肘並沒有抬高，要鍛鍊這塊肌肉的話，手肘抬高一點才有效。

不過，你們把椅子調這麼高的話，手肘自然就會變成這樣，所以還是建議你們把椅子調低一點會比較好喔。」

那位資深的教練先跟我們打過招呼，才向我們提出這樣的建議。但假如他劈頭就說：

「你們那樣做不標準喔。」

「你們那樣做是錯的，最好不要這麼做。」

那麼，原本指導我的教練肯定會覺得自己很沒面子，當下的氣氛也會變得很尷尬。即使那位資深的教練說的沒錯，我的教練也會很難接受別人這樣說他吧。不過，因為那位資深教練只是輕描淡寫地傳達出「只要稍微改一下就沒問題」的意思，所以我跟我的教練都很樂意接受他的建議，我也覺得他這樣的提醒方式真的很貼心。

有時我們想要告訴對方某件事情，但是當下並不是開口的最佳時機點。就像一塊全乾的海綿跟一塊吸滿水的海綿相比，兩者能繼續吸收的水量肯定不同。觀察海綿的狀態＝對方吸收資訊的狀態或對於知識的渴求程度，也是我們在與人溝通時的一大重點。

此外，不少的團隊領導者都會覺得凡事都必須自己親口傳達才行，**但有時經由下屬**、

同事、主管等等的其他人代為傳達的效果反而會更好。

這個「其他人」不一定要是人，也可以是其他的物品。像我就經常**藉由書籍或電影向別人傳達我想說的訊息**。

當我想告訴別人某件事情時，我就會請對方閱讀某本書或觀賞某部電影，而那些書或電影的內容正包含了我想傳達對方的訊息，然後我就會跟對方討論書或電影，問問對方：「你覺得對方的感覺是什麼？那你是怎麼想的呢？」或「你覺得我想告訴你的事情是什麼呢？」等等。有時我也會把之前在餐廳看到的親子互動情況當成例子來分享，然後再問問對方：「那你的看法是什麼？」

想跟對方分享我們想傳達的事情時，我覺得藉由書籍跟電影傳達都是非常方便又容易理解的方式。而且，很多事情從領導者的口中直接說出，就會讓人覺得很討厭，但如果換成是電影中令人感動的一幕，我們反而會覺得「真的是這樣沒錯」。

不必覺得任何事情都必須自己親口說，只要想一想「什麼時候說」、「讓誰來說」、「該怎麼說」，一定能發現還有很多好辦法。

Road to Executive

一流的人
會考慮「時機」、
「人」及「狀況」

☑ **想一想什麼樣的舞台**
才適合傳達訊息

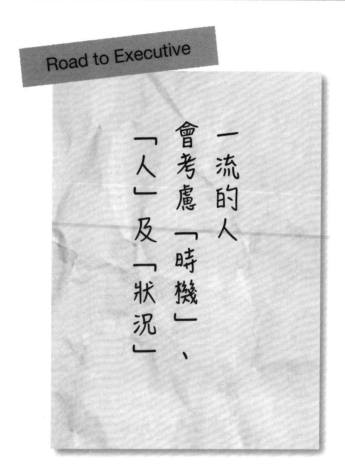

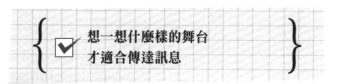

感同身受

三流的人說話是在自我滿足，二流的人會跟對方講道理，一流的人會訴諸什麼呢？

人都是受情感驅使而行動，並透過理論使行動正當化。

請各位看看自己的雙手，我們的右手代表感性，左手代表理論。接著請將你的雙手合十，看看你雙手合十的樣子，這就是能讓別人甘願採取行動的成果。

理論固然重要，然而實際上人一直都是100％受情感驅使才會行動的動物。假如我們只打算用說道理的方式，使自己要求對方做的事情正當化，對方也許會說：

「你說的道理我都懂，可是……」

「你說的道理我都懂，但我就是覺得很火大。」

你有沒有遇過以上這樣的情況呢？明明我們說的沒錯，但對方就是不願意接受。對方即使心裡明白我們說的是對的，但在情感上還是有很強烈的排斥感，所以在這樣的狀態下絕不可能甘願地採取行動。**我們若是無法做好管理情緒的話，就沒辦法跟他人建立起良好的關係，而人的情感若無起伏變化的話，那就很難有任何的行動**。工作也是一樣，若無視人的情感只講求理論及道理的話，通常也會遭遇重重阻礙，難以順利進行。

一對夫妻生了一個小寶寶。有時媽媽在廚房煮飯，爸爸坐在沙發上看電視，寶寶也開始哭鬧起來。

「喂！你沒聽見寶寶在哭嗎？不要再看電視了，趕快把寶寶抱起來哄！」

經常因為太太說了這句話以後，夫妻二人便吵起架來。

人類就是這樣，被人臭罵一頓以後，自然也會不甘示弱地反擊。我可以理解這位媽媽的心情，但她開口說話肯定不是要找老公吵架，而是希望老公可以把寶寶抱起來哄一哄。所以，就算當下再怎麼生氣，或許換個方式跟老公說話，結果就會大大的不同。

「我知道你上班很累，想放鬆地看個電視，但我現在不方便，你能不能把寶寶抱起來哄一哄？」

稍微換句話說的結果，差別就在於對方會甘願還是不甘願地去做這件事。

「老公~該是你鍛鍊肌肉的時間了！趕快把寶寶抱起來哄吧！」

以幽默的語氣請對方做事，也是個不錯的辦法。要請對方做的事情都一樣，但說話方式不同的話，對方的反應肯定也不同。

「這件事情必須做，所以我要你去做這件事」

這句話聽起來的感覺就跟「你就去做嘛~」的感覺完全不一樣吧。

話雖如此，但如果說話的語氣跟傳達出來的情緒不對的話，反而會造成反效果。

不只要換句話說，還必須注意說話的語氣及情緒。

不帶感情的言語同樣無法打動對方的心。

Road to Executive

一流的人會帶著感情說話

訴諸於情，引起對方的情緒共鳴

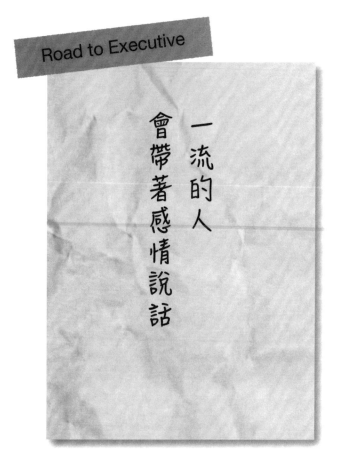

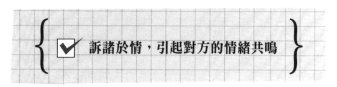

肢體語言

三流的人只顧著用嘴巴說話，二流的人會看著對方說話，一流的人怎麼說話呢？

「說話時要看著對方的眼睛！」我們都會這樣跟別人說，不過在與別人面談或是在眾人面前演講時，如果真的一直盯著對方的眼睛看的話，彼此都會覺得很吃力吧。所以為了彼此都好，能適時撇開目光的環境還是有必要的。

例如：如果是在眾人面前發言的場合，就可以配合使用PPT或是使用白板寫下重點；如果是私下與人面對面交談的話，則可以拿著紙筆一邊書寫、利用手邊的物品輔助說明等等。

在許多人的面前說話時，不只要加上肢體語言，還要盡量放大音量。想像自己站在一個舞台上，表現出落落大方的樣子，就像在KTV裡拿著麥克風準備高歌一曲。要召喚出自己內在的另一個人格，把自己當成是一個演員在鏡頭前表演。不只要注意說話的音量，根據說話內容調整抑揚頓挫，也是演出的一部分。

在眾人面前說話時，最難受的事莫過於自己講個不停，而面前的眾人卻毫無反應。

所以，我在演講或是上課時都會使用一個技巧，我把稱之為「尋找點頭的他」。

其實只要仔細觀察的話，當我們大方自信地站在台上說話時，台下一定還是有人會對我們分享的內容有所反應。所以我會分別從觀眾席的中間、左邊及右邊各找出一個有反應的人，並且在說話的同時輪流看著這幾個人，這樣不僅有助我順利地說出接下來要演講的內容，同時我也能自然地環視整個觀眾席。而且，這樣就像是在跟特定的對象說話一樣，所以講起話來的感覺也會自然一些。

除了透過聲音將訊息傳入對方耳中，若還能搭配上文字、圖像等視覺方面的訊息，就能更有效地將資訊傳達給對方。所以，只要在說話的當下同時將我們想強調的重點寫在白板或紙上，我們不僅能夠暫時不必盯著對方看，還能得到其他的效果。那就是我們邊寫邊說重要的內容時，眼神傳達訊息的效果會變得更好。

舉例來說，只用口頭表示「這件商品只要1千元」，與一邊寫下金額一邊告訴對方「這件商品只要1千元」，對方對於這句話的理解及接受程度就會截然不同。因為，當場寫出重點並展示給對方看，就是一場極為重要的演出。**一流的人不只會說給對方聽，更會訴諸感覺，達到「吸睛」的效果**。

寫出文字可以幫助我們在表達時突顯出重點。

而且，對方會不自覺地重視我們對他付出的時間與精力。比起直接擺一張寫著「100元」的價格標籤，不如等對方前來詢問價格，再告訴對方：「這件商品100元」，並且同時在紙上寫下「100元」給對方看，這樣就更容易讓對方產生「人家都花時間跟我講，還特地寫出來，我再不買就說不過去了……」的心理。

這麼做當然不是希望對方有所回報。不過，當我們使出渾身解數，愈努力地向對方傳達時，就愈感覺得到對方確實接收到我們想傳達的事情。

Road to Executive

一流的人會努力「吸引對方的目光」

☑ **要訴諸五感**

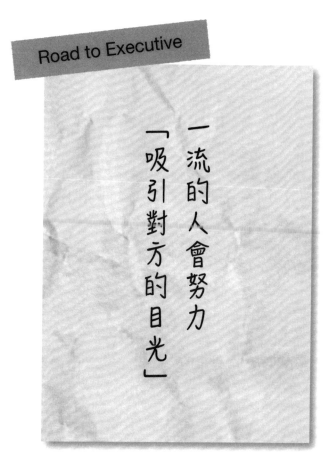

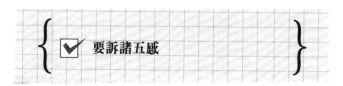

準備與實踐

三流的人準備是為了自我滿足，二流的人準備是因為在意別人的眼光，一流的人會做什麼樣的準備呢？

我們在別人面前開口說話，必定都有所目的。掌握說話的目的關係到兩個重點：

「我要說什麼？」

「我要怎麼說？」

也就是說，**假如我們未透過事前收集資料掌握此次說話的目的，並且做出迎合目的的發言，那麼我們就很難讓自己說的話影響對方**。

現在，我在準備演講的資料時，都會以「我最想透過這次的演講傳達給聽眾的事情是什麼？」為目的，從這個角度出發去思考我要準備哪些內容。

我以前總是想「我的演講一定要有個人風格」，所以只列出我想講的內容。

而且，我當時也認為讓聽眾感到滿意是演講時的首要之務，雖然我的演講也因此大受聽眾的好評，但仍有主辦者告訴我：「其實我們並不希望您在演講時說那些內容。」一直到那一次，我才驚覺我忽略了主辦者舉辦演講的目的，我的演講內容不能只考慮到聽眾的感受，也必須達到主辦者舉辦演講的目的才行。

所以，後來我在準備演講資料時，都會事先向演講或課程的主辦者蒐集一些資料，包括：主辦者舉辦演講的目的、參加者的目的、主辦者找我演講的目的或理由、主辦者對於我的期待、主辦者希望參加者在活動結束後可以得到哪些感受、主辦者希望參加者聽了演講以後去體驗哪些事情等等，並將這些資料做成演講內容的基本資料表。

然後，我再根據這張基本資料表，整理出我要演講的重點。

不能順利整理好演講內容時，我就會先條列出想講的內容，再去思考該怎麼將這些內容整理成一篇流暢的演講。而且，這樣就不會事後才懊悔漏講了什麼。

後來，我藉由整理主辦者目的並集中演講內容焦點，讓台下聽眾感到更滿意。

不過，有時不管我們準備得再充足，可能還是會因為當天的心情或身體狀況的影響，而導致自己表現不如以往。畢竟我們是人不是機器，出現這樣的情況也是在所難免。

遇到這樣的情況時，我們可以告訴自己：

「人非聖賢，誰能無過。不一定要交100分的成績單，只要盡100％的努力就好！」

至少我們要盡到當下最大的努力。

盡100％的努力指的是決心做好現在的自己能做好的事，也就是努力達到個人主觀上的滿分，真誠地去對待別人。

相反地，交出100分的成績單則是指因為在意他人目光而達到的滿分。一旦我們在意別人的目光，就會在乎自己的面子問題，不想讓自己出醜、丟臉，結果反而把力氣用在維持無謂的尊嚴或面子等等，沒辦法把力量發揮在真正重要的部分。

在人與人之間的關係中，不可能總是發生同樣的事情。無論何時都只能盡自己的最大努力。

Road to Executive

一流的人
會做好能讓主辦者
也感到滿意的準備

☑ **根據目的做好事前準備，盡自己最大的努力**

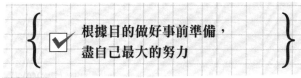

說話重點

三流的人想到什麼說什麼，二流的人說話未考慮效果，一流的人會把重點放在哪裡呢？

在跟人說話時，**記得要把說話重點放在最前面以及最後面**。

這麼做是為了運用心理學中的**初始效應**及**漸昇法**。

初始效應指的是**愈早接收的資訊帶來的影響就愈大**，也稱為漸降法。當對方處於興致缺缺的狀態，或是當你有話必須跟對方說，但對方一點興趣都沒有的時候，利用初始效應就能發揮很好的效果。

例如：假設我們本來沒有參加的意願，但因為公司的規定而必須參加員工教育訓練。

在教育訓練前心想：

「有夠麻煩，我今天真的得一整天得耗在這裡做教育訓練嗎？」

但如果有人一開始就跟我們說了一句很有衝擊力量的話，例如：

「我跟你說！聽說今天的教育訓練跟之前的很不一樣！」

「聽說今天的內容很有趣耶！」

我們就會對今天的員工訓練活動開始感到興趣。

同樣地，像是在企劃會議時，如果企劃一開始就給人強烈的印象，也許我們就會覺得：

「這個企劃好像很值得期待喔！」

「感覺會是個很有趣的商品喔！」

我們會開始產生興趣，也會想要再聽對方接下來要說的內容。

簡單來說，只要一開始就開門見山地表達說話的重點，並且也在說話的過程中一再地提及這個重點，就能透過這樣的方式引起對方的興趣。

漸昇法又稱為時近效應，也就是「只要結尾收得好就沒問題」。

人對於最後聽到的內容都會特別容易留下印象，所以**只要對方對於最後聽到的內容感**

到滿意的話，就能讓對方維持興致濃厚或滿意的狀態。

漸昇法在對方抱持著強烈的興趣，認真地聽到最後一刻時，特別能夠發揮出效果。

例如學員自掏腰包參加課程、主動詢問問題時，心裡想的一定都是：

「我一定要得到有用的資訊。」

所以，這樣的人直到最後一刻都會抱持著強烈的興趣。

遇到這樣的情況時，只要我們在最後的部分說出令人印象深刻的內容，就讓對方感到更滿足，覺得自己「能夠聽到這麼受用的內容真是太好了」。

此外，在說話的一開始先引起對方的興趣，最後再重複一次對方特別感興趣的部分，也就是**同時運用初始效應及時近效應的話，也能夠讓對方聽得更滿足**。

只要我們去揣摩對方的心情，思考應該將說話的重點擺在哪裡，就能夠讓自己的談話更加引人入勝。

Road to Executive

一流的人會思考如何開頭與收尾

先思考談話的重點該擺在何處，再構思談話方式

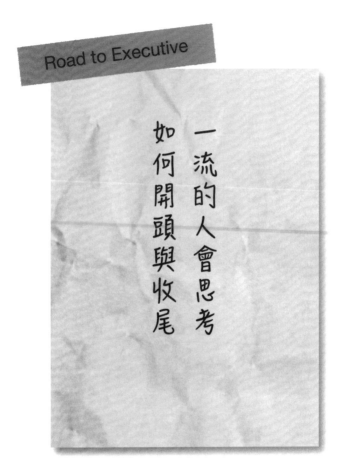

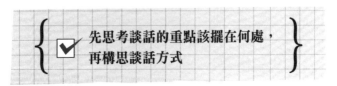

說話順序

三流的人憑感覺說話，二流的人從頭娓娓道來，一流的人從哪裡開始說話呢？

當你要跟別人說有點複雜或難以表達的事情時，你會怎麼開口呢？有的人一定總覺得自己說話怎麼這麼囉嗦，偶爾可能還會覺得：「我是不是很不會說話啊？」

我有時也會不小心說了一大堆，還會偏題或是繞了一大圈才講到重點。

所以，當我覺得自己要說的事情不太好表達時，我就會有意識地先從結論的部分開始講。有時，我甚至還會一開口就說：「從結論來說……」因為這樣的說話方式通常比較容易引導對方做出必要的行動。

先從結論的部分開始說起，是一種叫做**「PREP法」**的談話技巧。先說P（Point）＝重點或結論，接著講R（Reason）＝理由、E（Example）＝打比方或舉出實際例子，依照以上的順序說明，最後再講一次P（Point）＝結論。這樣的方式可以讓人說話更有組織。

「我認為○○。」（結論）
「這麼認為是因為○○。」（理由）
「例如：你也知道○○，對吧。」（打比方、舉例）
「所以，我認為是○○。」（結論）

除此之外，也可以使用撰寫新聞文章的方式來說話。新聞文章的內容大部份都是依照標題（結論）、導言（摘要）、本文（詳細資訊）的順序構成，例如：

「聽說有艘油輪沉了。」（結論）
「好像是恐怖攻擊，才鬧得這麼嚴重。」（摘要）
「那艘油輪3天前從○○港出發，然後在○○海沉沒。聽說○○國的政府已經確認是恐怖攻擊引起船隻爆炸，所以油輪才會沉船。」（詳細資訊）

只要像這樣說話，就能避免講了一大圈還沒講到重點。

還有一種說話方式叫做「落差法」，先說出目前的狀況，然後提及理想狀態（目標），然後一起討論現狀及目標之間的落差（課題），最後再提出解決辦法。

「現在就是這樣吧。」（現狀）

先舉出當前狀況的例子。

「恩恩，我也是這麼覺得。」

「我知道、我知道，我也遇過同樣的事情。」

如此一來，對方就會把它當成自己的事情來看待。

然後，我們再接著開口說：

「你不覺得如果變成這樣也很不錯嗎？」（目標）

對方就會覺得「這麼說好像也沒錯」。最後再說：

「如果要這樣的話，我們就要面對這項課題。」（課題）

「我覺得要解決這個課題的話，這樣做應該沒問題喔」（解決辦法）

用這種方式說話，對方就能理解為什麼我們要這麼說。

這也是電視購物頻道或廣播電台的購物頻道經常使用的手法。

這種表達方式精心設計了觀眾及聽眾的情緒變化過程。也就是**透過舉例，讓觀眾及聽眾覺得自己也有這樣的煩惱（課題），接著告訴觀眾及聽眾什麼才是理想的狀態，最後便開始介紹他們的產品，告訴觀眾及聽眾使用這些產品就能解決這些煩惱**。

Before「感覺不怎麼期待耶……」

起「喔？好像跟之前的不太一樣耶。」

承「喔～是這樣喔！」

轉「喔喔，是這樣嗎？」

合「真不錯耶～」

After「嗯嗯，這樣應該行得通喔！」

所以，我們在看電視台的購物頻道或收聽廣播電台的購物頻道時，就會忍不住想要購買他們推薦的產品。這也代表他們成功地引導我們做出「購買」的動作。

此外，還有一個理論叫做「黃金圈理論」。

二流的人都是按照What、How、Why的順序與人溝通，而一流的人則是反過來，**依照Why、How、What的順序，從核心開始**與他人溝通。

假如蘋果公司的創始人賈伯斯只是個平凡人，也許他就會說：

「我們研發的電腦非常優秀（What），設計非常漂亮，而且任何人都能夠操作（How）。因為，我們相信每個不同的想法都有它存在的價值，所以我們秉持著改變世界的信念，研發出全新一款的電腦（Why）。」

跟一般人一樣照著What、How、Why的順序來說話。

不過，賈伯斯也是個說話一流的人，所以他在說話時都是按照「我為何要這麼做」、「我如何做到」、「我做了什麼」的順序來表達。

「我們抱持著改變世界的信念在做這件事。」（Why）

「也相信每個不同的想法都有它的價值。」（Why）

「我們改變世界的方式，就是設計出漂亮而且人人都會操作的產品。」（How）

「所以我們推出了這一款優秀的電腦。」（What）

Road to Executive

一流的人會根據目的改變說話的順序

根據自己最想傳達的事情，改變說話的順序

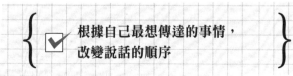

第 5 章

成功增加盟友的說話方式

定期對話

三流的人不重視溝通，二流的人會叫別人有事隨時說，一流的人會設定交談的時間？

「你有事可以隨時找我商量。」

我們都希望自己能在對方有需要時助對方一臂之力，所以不論對方是我們的朋友、家人還是下屬，我們總是會這樣跟對方說。

不過，一旦自己遇到問題時，反而會覺得很難主動跟別人開口商量煩惱。尤其是對方本身也有很多事要忙，或是對方正好有事要忙的話，就會覺得不好意思打擾對方。

話雖如此，早一點找人商量的話，有時確實比較容易解決問題。

「你怎麼不早一點來跟我商量！」

事後說再多也已經於事無補了。

因此，**平時就要定期地跟對方暢談**，這樣就能保證我們與對方之間有時間進行溝通。

「還好你當時趕快跟我說那件事，事情沒有變得更嚴重，真是萬幸。」

這樣一來，情況也許就會不同了。

近來，有愈來愈多的人都見識到企業一對一會議的效果。

我認為一對一會議其實就是個建立溝通的機制。主管每隔一段時間就要與下屬進行一對一的談話，例如：「一週一次」、「兩週一次」等等，而這樣的這樣規定讓主管及下屬都無法逃避對話，彼此也會漸漸地坦懷相見。我也覺得這樣做的確能達到有效的溝通。

在進行一對一會議時，主管不要想到什麼就說什麼，也不要突然切入重點，而是先用一些話題破冰，這樣才是一流的說話方式。破冰的話題不必太嚴肅，只要自然地聊聊你的所見所聞，就能緩和談話的氛圍，彼此也能更自然地交談。

像是我就會一定會先說：

「你今天的心情是什麼天氣呢？」

然後，對方就會回答：

「是晴天。」

「是多雲。」

「是傾盆大雨。」

每個人在當下的回答都不一樣，然後我就會根據對方的回答，再問：

「發生什麼好事嗎？」

「發生什麼事了嗎？」

這樣就會自然而然地達到破冰的效果。

在面試新人時也是一樣，為了讓面試的畢業生不要那麼緊張，我都會先自我介紹。

「你好，我姓嶋津。」這時我會稍微停頓一下，才接著問他們：「你會很緊張嗎？」然後，幾乎每個人都會回答：「是的，好緊張。」在他們說完之後，我感覺他們不再那麼緊繃。我再接著說：

「你會緊張也是正常的。」

在我說完這句話之後，他們每個人開口說起話來都顯得自然許多。

不只職場的人際關係要有這種定期的對話時間，親子之間也是一樣，不論再忙也要盡量全家人一起坐下來吃個早餐，而且每個星期也至少要安排一次一起用晚餐的時間。夫妻之間要談正事但不想要周圍的氛圍太嚴肅的話，也可以說好每星期找一天到咖啡廳邊喝咖啡邊聊正事。

定期向對方報告、聯絡及商量，是能應用在任何人際關係的機制。

以前在帶業務部門時，我每天都會帶著下屬開晨會，讓每個人說一說改善提案。我們的晨會其實很簡單，就是把大家集合起來，然後輪流說一說關於公司或組織最近發生了什麼好事、不好的事，遇到哪些問題應該怎麼做比較好。

每天召開晨會是一件很簡單的事，卻能發揮出極好的效果，因為假設1個團隊有10個人的話，那麼10個團隊就會有100個人，這樣公司每天就能獲得多達100個的改善提案。而且，有時甚至還能聽到令人印象深刻的改善提案。也因為團隊的每個同仁都要發表個人意見，所以整個組織從上到下都能有所交流。此外，不論是主動積極的人還是被動消極的人都必須在晨會上發言，這樣的規定讓每個人有表達意見的機會，能說出自己想說的話也是召開晨會的好處之一。而且，也因為每個人每天都必須說上一句話，自然就會去觀察其他人的優點，所以這樣也會讓大家產生「自己的一言一行都會被人看在眼裡」的緊張感。

「我看到有人把走廊上的垃圾撿起來丟，真是個好人。」

例如有人分享這件事的話，其他人也許就會附和：

「喔～不錯喔！」

「真是熱心！」

「真是了不起！」

大家會開口稱讚做了這件事的人，而被稱讚的人也會覺得開心，之後再遇到同樣的事情時，他們肯定也會再這麼做吧。受到稱讚的人會知道自己的付出真的被看見，所以大家都會更願意做這些好事，皆大歡喜。

請各位務必定期與他人對話，讓彼此愉快地互相分享、聯絡或商量各種大小事。不瞞各位，我與家人每周都有固定一至二次的家庭小酌日。

Road to Executive

一流的人會定期聽對方分享大小事

☑ 安排定期聊天的時間，與對方分享、聯絡及商量各種大小事

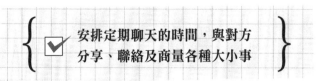

致歉

三流的人敷衍搪塞，二流的人含糊帶過，一流的人會怎麼致歉呢？

主動開口道歉真的很難，但我認為**坦率地跟別人道歉才是最好的做法。**

以前我也是個上班族，那時的我上了寶貴的一課，學習到坦率道歉的重要性。

當時我已是業務經理，只要部門裡有人上班遲到，我就會碎念對方一番。我非常重視公司的晨會，因為我覺得晨會能讓大家整理好當天的上班狀態，所以每個人都必須準時參加晨會才行。我對於下屬如此嚴格地要求，有一次我卻因為前一晚跟朋友喝了酒，隔天睡過頭，結果上班遲到。當我睜開眼睛的那一刻，早已過了上班時間。用我平時對待下屬的態度來看我自己的行為的話，當下的我也應該被臭罵：「你在搞什麼東西啊！」我的信用從此一落千丈。大家一定對我非常反感。我以後要怎麼面對下屬。我趕緊搭計程車前往公司，腦袋不停冒出這些念頭。但事已至此我只能接受這個事實，一打開辦公室的門，我立刻跪下來並大聲地跟大家道歉：

「我遲到了，非常對不起！」

當時我認為只有這條路可以走，這麼做才是最好的辦法。

那天晚上，公司剛好有聚會，大家下班後一起去喝一杯。我的心情直到下班都還是很沉重，但我還是逐一跟每位同仁敬酒，以示我的賠罪之意，結果有一位同仁跟我說：「經理，你今天道歉的做法真的很有你的風格。」我問他：「這是為何呢？」他告訴我：「畢竟你是部門裡最大的人，要是你早上抬頭挺胸地走進辦公室，直接跟我們說你是因為先去了別的地方才進辦公室的話，大家其實也不會多想什麼。」

聽完以後，我明白這位同仁真的接受了我衷心的道歉。

我是個拉不下臉承認錯誤的人，但自從那件事起，只要犯了錯我就會坦率地道歉：

「真的很抱歉，是我的錯。」

「真的很抱歉，是我能力不足。」

那次的經驗讓我學會了坦白接受事實，不找任何藉口地賠罪的重要性。

當然，有些時候還是必須好好地向對方說明，這時我就會說：

「其實是……才會變成這樣子，真的不好意思！」

我認為**在告知原因的同時，最好還是必須確實地表達出自己的歉意**。

其實，我最近才跟太太吵了一架。我想都沒想就直接用太太平時對我說的那些討厭的話攻擊她。冷靜下來後我也反省了自己，畢竟我自己都不喜歡她那樣說我，卻還是用同樣的話去攻擊她，這樣做真的很不應該。我向太太道歉，說：

「我要跟妳道歉，我剛才太生氣才跟妳說那些話。因為妳平常總是用那種方式跟我說話，我覺得忍無可忍才那樣反擊的。但我那樣真的很幼稚，對不起。我誠心誠意地跟妳道歉，但我講的話也是我的心聲，希望妳可以懂。」

認為自己沒做錯的話，就不需要道歉；但若是自己真的有錯，就應該坦率且真誠地向對方道歉。先真誠地道歉，別人才會相信我們說的真心話。

Road to Executive

一流的人
發現自己有錯時
會誠心誠意地道歉

不能只是嘴上說說，
要真心誠意地道歉

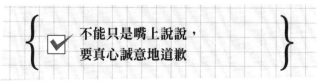

拒絕方式

三流的人直接拒絕，二流的人委婉說不，一流的人會如何說不呢？

說話一流的人就算跟別人說NO也不會惹人厭，反而還會給人留下好印象。

人都有著「不想讓對方覺得自己很失禮、不想讓自己被討厭」的心理，所以都會盡可能避免跟別人說不。不過，若要推辭自己認為沒有效率的事情，巧妙地拒絕對方還是有必要的。那麼，該怎麼做才能巧妙地拒絕別人呢？

若要巧妙地拒絕別人，首先要針對自己無法回應對方期待一事，坦白地向對方道歉。接著說出對方能夠接受的理由，告訴對方無法回應他的期待。而且，如果要讓對方接受拒絕的話，主動提出替代方案當然會更好。

「我們去喝一杯吧。」

假設有同事找你去喝一杯，但你其實並不想去。不過，編造謊言欺騙對方又會顯得很不誠實，所以希望換個說謊以外的辦法拒絕對方的邀約時，也許你可以說：

「啊！抱歉（先為自己無法回應邀約一事而道歉）！我等等還有事，真是太不巧了（你有你認為的重要事情，不方便喝酒）。」

假如你覺得改天再去喝一杯沒問題的話，那麼你可以接著說：

「下禮拜找一天再去喝，你覺得呢？」

就算改天你也不想去的話，那你就說：

「下次有機會再找我喔。」

只要這樣跟對方講就好了。

同理，當主管要把有點麻煩的工作交給你，但你想拒絕時，如果直接說：

「不行不行，我沒辦法。」

「咦？這是我要做的嗎？」

主管也是個凡夫俗子，聽到你這麼說肯定還是會生氣。只有把「我做不到」的結果告訴對方的話，任誰聽了都不會覺得開心。

「不好意思，我手上還有工作正在處理，再接這項工作的話，一時之間可能會分身乏術。但如果這項工作必須優先處理的話，我手上這份工作可以往後推延一下嗎？」

先向主管表達歉意，接著說明無法回應期待的原因。然後，只要**提出其他解決對策並且徵求主管許可**的話，就算最後還是必須接下主管交辦的工作，至少也不會超出自己能夠負荷的工作量。

覺得對方好像做得不對時也是一樣，

「你剛剛做的那個啊，如果是我的話應該就會這樣做吧。你可以參考一下。」

只要**不使用只考量自己的「我的訊息」，而是使用為對方著想的「你的訊息」**提出自己的意見作為參考，請對方去留意一下的話，就不會顯得說話不夠圓滑。

明顯是自己的知識更加豐富，而且也有足夠的自信時，就算直指對方明顯有錯也無妨。這時同樣把決策權交給對方，對方也會更容易接受我們說的NO。

Road to Executive

一流的人也擅長說NO

☑ **拒絕時要讓對方覺得合理**

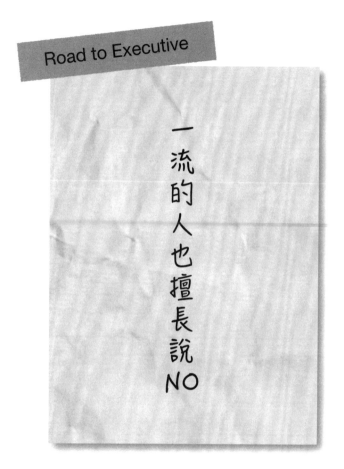

擁有基本軸心

三流的人安於現狀，二流的人以自己為本位，一流的人會如何努力呢？

換我來跟各位聊聊關於我之前在工作上的艱苦經驗吧。

我在24歲時成為公司裡的頂尖業務員，跟其他同時期進公司的同事相比，我也是第一個當上主管的人。第一次當上主管的我帶著滿滿的幹勁領導下屬，給予他們最大的鼓勵，促使他們奮發向上。最後，我率領的部門也取得相當不錯的成績。

我在上班時對下屬非常嚴格，但下班後我還是會跟他們一起去喝酒聊天等等，自認跟他們還是有不錯的溝通。

但後來我們部門的業績漸漸退步，我也注意到部門內氣氛愈來愈差。

直到有一天，我終於知道為什麼了。有幾個下屬原本說他們要外出拜訪客戶，結果我竟然看到他們坐在咖啡廳吃早餐，看起來就是在混水摸魚……。

就在那個時候，我才發現我跟下屬之間的溝通情況並不理想。

25、26歲的我帶領了將近50位左右的下屬，在還搞不清楚公司的營業戰略以及管理的祕訣等情況下就當上主管，再加上我們公司是以業務為基礎，具有獨特的企業文化，結果我變成了一個濫用職權管理下屬的主管。現在回頭來看，我真是傲慢又自大。那時我誤以為自己與下屬建立起良好溝通，但只是我的自我滿足而已。

為了改善我與下屬之間的溝通情況，我安排了一場可以讓人排解壓力及緊張的真心話大會，請所有部門的同仁都坦白地說出對公司及我有哪些不滿的地方。

透過那一次的經驗，我才發現原來我並未具備自己的基本軸心。

會讓下屬覺得困擾的，就是主管並未具備基本軸心。所謂的基本軸心，指的是一個人的原則、重視的價值、信念、理念、願景及使命感等等。而**身為一位領導者，最重要就是具備自己的基本軸心，而且平時就要向團隊成員講述自己的基本軸心為何，並且與他們共享這些基本軸心。**

為了消弭我與下屬之間的溝通隔閡，我提出了「要擁有共享的認知（基本軸心）」的管理方針。後來我經常提醒自己要與下屬保持密切溝通，還要與他們共享我的基本軸心，讓彼此都能將自己想要做的事情清楚地傳達給對方知道。傾聽團隊成員的想法當然不能少，除此之外，我還跟他們共享我的基本軸心，並且告訴他們：「要是我偏離了我的基本軸心，請你們不要客氣，一定要跟我說。」

溝通永遠都不會有結束的終點。就算已經跟對方建立起好的溝通，但我們每天依舊必須努力不懈地建立更加良好的溝通。

安於現狀就只會是三流溝通；若看待事物及講話方式總是以自我為中心，就算再努力，也只能達到二流的溝通。

天底下最可怕的事情莫過於深信自己「我已經做得很好了」。

過去的工作經驗也讓我學習到虛心接受他人的意見回饋，並且持續努力保持謙虛是一件多麼重要的事。

Road to Executive

一流的人先確立好
基本軸心再說話

☑ 要持續努力保持謙虛的態度

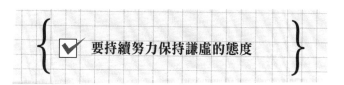

目標的狀態

三流的人給指令，二流的人在自我滿足，一流的人會如何跟不安的人說話呢？

當你有事要拜託別人或要下達指令時，你會不會只是告訴對方要做什麼事而已呢？「你幫我把這個郵件丟到信箱。」只是請對方做這種程度的事，這樣說倒還無所謂；但若要拜託對方做的事情更加複雜，而每個人對做好這件事的理解程度又不同的話，你還會覺得只告訴對方要做什麼事是好的傳達方式嗎？

要讓人在看不見未來的情況下採取行動的話，就必須與對方共享2個想像畫面。一個是**抵達終點後的畫面**，這是**通過終點線以後所見到的景色**；另一個則是**過程中的畫面**，這是**接近終點線時所見到的景色**。

人之所以感到不安，正是因為無法看見未來到底會是什麼樣子。例如：有些人會擔心自己的退休金不夠使用，其實就是因為無法預見將來的生活將會如何，才會感到不安。假如自己已經擁有100億元的話，肯定就不會有這樣的擔憂吧。

也就是說，當我們有事要拜託別人，或是要對別人下達指令時，假如對方還抱持著疑問、異議或是不安的話，他們就不會拿出行動力，**所以這時我們就必須讓對方明確地想像出抵達終點後的畫面**。因為，人的行動非常依賴腦海中的想像畫面，而腦海中的畫面的強烈程度則會決定我們的行動力。假如我們不跟對方分享抵達終點後的畫面，對方就會像眼睛被矇著一樣，漫無目的地四處摸索，不曉得自己應該走到哪裡才算抵達終點。

但如果我們跟對方共享抵達終點後的畫面，就算我們給的指令不夠清楚，對方也會去思考怎樣做比較好，他們可以根據目標去判斷自己的行動。

請各位一起來做做看以下的實驗。

請在各位回想一下你的居住地附近，你記得有哪座山的海拔不到1千公尺，而且用健走的方式就能走到山頂？然後請在腦海裡想像一下這座山的樣子。如果是居住在東京的讀者，或許腦海裡想到的就是高尾山等等。

假設你等一下要走到這座山的山頂，請想像一下你登上山頂的樣子。假如你有爬山健走的經驗的話，畫面的具體程度也許會更清晰一些，但不管有沒有爬過山，應該都不難想像自己登上山頂的畫面吧。

再請各位想像一下自己登上聖母峰的畫面。你能想像到什麼樣的程度呢？

能登上富士山的人，絕對都不是散步時走著走著就到達了富士山頂。最重要的就是在腦海中描繪出登山的畫面，讓自己產生「如果是這樣的話，也許我也做得到」的想法。

前面說的「抵達終點後的畫面」就跟想像登山的畫面是很相似的概念。當我們經驗或知識愈豐富的時候，就算對方給我們很簡單的指令，我們也能想像出抵達終點後的畫面，而且要到達終點也不是什麼困難的事。例如：拜託對方影印文件時，因為彼此都有操作影印機的經驗，所以就不需要再詳細地告訴對方完成這件事會是什麼樣的畫面。相反的，當我們不具備相關的知識或經驗時，連想像出該怎麼才能到達終點的畫面都有困難。這時就算對方再怎麼鼓勵我們，告訴我們：「我們要加油！」或是「我們一定做得到！」光說這些鼓舞人心的話，也沒辦法讓人覺得自己可以抵達終點。

也就是說，當我們要拜託別人做任何事情時，不能只是告訴對方要做什麼，也不能只是跟對方說我們的想法，與對方共享抵達終點後的畫面才是最要緊的一件事。

人對於無法想像的事情都會覺得難以實現。所以，最好是讓目標具體化到任何人都不會想錯的程度。

我為了讓一位沒有目標的下屬打起精神努力工作，我一直在思考怎麼讓他有幹勁並想像自己達到目標的樣子，最後我想到他是個車迷，於是問他：

「你好像很喜歡車，對吧？那你想開哪一款車呢？」

聽到我這樣問，他回答：

「其實我還滿想開開看賓士車。」

於是我告訴他：

「好，那我們下星期四約在田町車站，我帶你去個地方。」

然後我帶他到賓士的展示中心，又問他：

「你想要開開看哪一台？」

我請他選一台自己想開的車來試乘，實際坐上駕駛座握著方向盤，感受開著這台車兜風的感覺。

「感覺怎麼樣呢？」

我問他感覺如何，然後他回答：

「哇！真的很不錯欸！」

「那你就買這台車吧！」

然後，我請他擬訂購買賓士車的計畫，包括：需要多少錢、希望在幾歲之前購車、每個月需要存多少錢、至少需要賺多少薪水才養得起車等等，也請他帶著自己擁有那台賓士車的狀態投入工作。這是實際用眼睛及身體去感受抵達終點後的畫面，藉此強化腦中畫面的實例之一。

我們若是能夠具體地描繪出抵達終點後的畫面，就能讓原本沒有幹勁的人提高他們的行動力。

Road to Executive

一流的人重視抵達終點後的畫面

☑ **讓對方實際體驗抵達終點的感覺**

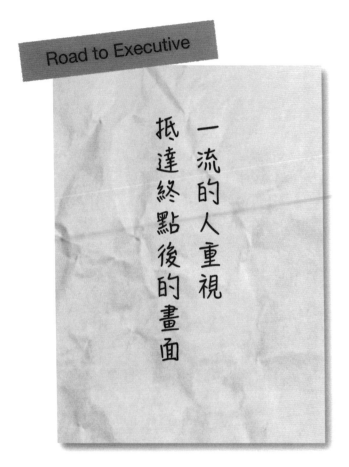

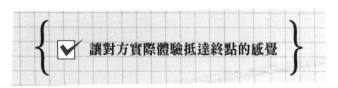

願景

三流的人只談目標，二流的人會談目標跟目的，一流的人會談什麼呢？

如果要讓周圍的人一起投入行動，最重要的就是與對方**共享願景**，這在領導理論中也是個非常重要的一點。

所謂的願景並不是指單單的目標或目的。

例如：「銷售額要達到多少」、「這項商品要賣出多少」、「要增加幾成簽約成功的客戶」等等都屬於目標，如果我們只是提出目標的話，很難讓對方願意有所行動。不但要有目標還要有所目的，人才會有所行動。目的是這個人為何要採取行動的理由。**目標只不過是我們用來達成目的的方法，目的才是我們為何要行動的理由所在**。

飛鏢的「標靶」（目的）上都有數字的「標示」（目標）。若是沒有「標靶」（目的）的話，這些數字就不能被「標示」（目標）上去，而且也沒辦法再進行射飛鏢的遊戲。畢竟沒有目的的話，就不會有目標的出現。

那麼，願景又是什麼呢？

假設有個男生今天要從青森搭火車出發。他的「目的」是為了跟住在東京的女友求婚，「目標」是在今天晚上7點抵達東京車站，而他的「願景」則是「成功求婚並與女友前往美國過著幸福的日子」。

「願景」也就是我們達成「目標」及「目的」以後的理想模樣。

「目標」是為了達到「願景（理想模樣）」而設的里程碑，「目的」則是「願景」背後的行動動機。

主管會要求下屬工作的成果要達到目標。這樣做當然沒有錯，因為要達成理想的話，的確是要先達成目的。但可惜下屬所追求的並不是這項工作的成果，他們想知道的是自己完成這個目標以後會有什麼收穫。

以這本書為例的話，「學會一流的說話方式」是我的目標，我的目的則是希望我的溝通可以引導對方採取必要的行動。而我的願景就是讓每一位讀者透過改善與人的溝通，打造出幸福美滿的人生。

我在194頁提過具備基本軸心的重要性。

人要具備的基本軸心之一就是願景。

人都要擁有個人願景，而且平時就要與周圍的人談論與分享自己的願景，這對於爭取周圍的人一同參與行動而言是非常重要的一件事。因為，平時就與周圍的人分享你的願景的話，這樣就算之後遇到追求速度及效率的工作，而要頻繁地改變工作戰略時，他們也會知道：

「雖說〇〇，但背後始終有一個不變的基本軸心。」

也可以理解並且有所行動。

Road to Executive

一流的人會談論願景

☑ 談話時要讓對方能夠想像出理想的模樣

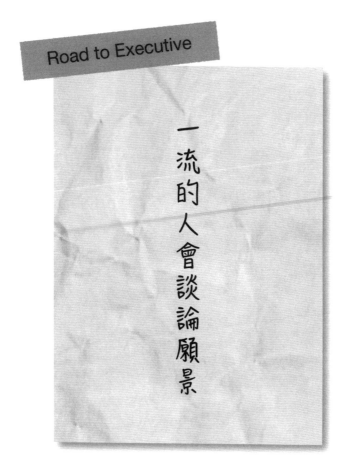

提出價值

三流的人說於己有利的事，二流的人談有利對方的好處，一流的人會說什麼呢？

我在第一章說過，手心向上的人在和別人溝通時，最後通常得不到什麼。想要有所收穫卻不願向對方獻出同等價值的事物，自然得不到有用的收穫。

因此，當我們想要爭取周圍的人為自己做事時，**除了必須將有利對方的好處告訴對方，還必須讓對方看一看收穫成果以後的景色**。

假如因工作而需要找人幫忙時，可以按照以下7個步驟，具體地思考如何開口。

（1）確定自己現在所追求的成果

（2）思考自己必須做什麼才能獲得自己想要的成果

（3）思考自己必須具備什麼能力或技能，才有辦法做必須做的事

（4）區別出只有自己才做得到的事、自己做不到的事、自己不做也有人能做的事

（5）思考合作對象（想一想可以把「只有自己才做得到的事」以外的事交給誰，並列出名單）

（6）思考可以提供給合作對象的價值

（7）準備好一個爭取對方合作的劇本

重點是具體地說出有利於合作對象的好處。也就是說，如果我們不拿出與自己想獲得的成果具有同等價值的事物，那就很難讓對方願意合作。即使不是立刻獲得幫助也無妨，只要我們拿出對方想像得到且具有價值的事物，就會讓我們更容易得到合作。此外，關於步驟（5）所說的合作對象，雖然我們有時只要透過命令或權力就能要求對方同意幫忙，不過在大多數情況下，能不能得到他人的幫助，還是取決於我們身為人的綜合魅力，以及出手幫忙會帶來哪些好處及壞處。尤其是在工作方面，人們幾乎都是按照自己會得到哪些好處或壞處來判斷是否出手幫助對方。

然後，**我們還要準備一套劇本**，助我們達到目標。例如：「你幫我做這件事的話，你就能得到這個，或有這些好處，而我也會有這些好處。」並向對方闡述我們完成這項成果，可以為個人以外的社會、組織、顧客等做出貢獻。

「你跟我這樣做的話，我們就能有○○的貢獻喔。」

「你不覺得你跟我合作一起創造出成果的話，我們的組織就會變得更好嗎？」

只要向對方闡述這些，對方腦中的畫面就會變得更加具體，了解你們一起做的事情不只是對你們自己有利，而是一件具有社會意義的事情。

至於為什麼要準備一套劇本跟對方闡述，是因為當我們腦海中的畫面愈清晰時，做起事來就會愈有熱忱及行動力。寫好劇本就是為對方設定想像畫面，根據史丹佛大學的研究，當我們把想說的事以說故事的方式表達時，有63%的人可以記住我們所說的內容；而單純呈現數據資料時，只有5%的人能記住資料內容。

跟對方闡述的過程就好比登山途中的畫面，而最終的願景就是從富士山頂眺望的景色。只要讓對方能預見目標達成後的景象，就能減少對方心中的不安。

只要我們能夠讓對方在腦海中勾勒出畫面，就會更容易讓對方採取行動。

Road to Executive

一流的人會闡述社會意義

☑ **常保對周圍有所貢獻的意識**

結語

翻開這本書閱讀的你，一定是希望自己能擁有更好的溝通能力。這本書記載了提升說話技巧的方法，肯定也有讀者想盡快試試看這些方法。

這時，我希望各位一定要重視一件事情，那就是我希望各位還是要保有自己的本色，真誠地與人對話。

A跟B都是我的朋友。

我跟A認識很久，但每次跟他說話時卻總覺得：「為什麼跟他這麼難溝通呢？」而跟B講話的時候，我則覺得：「跟他說話真的好輕鬆喔。」

思考這兩個人到底哪裡不同以後，我發現差別就在於後者是真誠地跟人對話，而前者則是拘泥於說話的技巧。

A可能有學過教練學之類的溝通技巧，他在附和別人時，總是一味地誇獎、讚美，例如：

「真的很厲害耶！」

「真不愧是你！」

除此之外，他還會一直問：

「關於○○，你有什麼想法？」

「你那時候是怎麼想的？」

也是一直地向對方提出問題。

我自己本身也是在教人學習說話技巧，所以我不會去否定說話時運用技巧的這件事。不過，當我們太過在意說話的技巧，而刻意地在對話中運用這些技巧時，就會降低說話的真誠度，也會失去了個人本色。

相反地，當我在跟B對話時，B並不會一直說個不停，也不會只聽不說，而是與我保持一來一往的對話。從他口中說出的讚美之詞，聽起來也是相當的自然，不是刻意為之。因為，這是他發自內心的真誠溝通。

將這本書中介紹的內容轉化為你的成果，需要分為2個步驟，

第1步是採取行動。假如你不付諸實際行動的話，就算你學得再多，也不會有任何

成果。

第２步是日復一日地持續進行。就算你付諸了行動，但若你只是三分鐘熱度的話，那麼依然不會有所成果。學習任何事都需要不斷地練習才能熟練，就像棒球、籃球等球類運動也是一樣，不論是工作技巧還是說話技巧，都是需要一再地練習才會熟能生巧。

我在這本書中介紹了許多我認為可以改善溝通方式的技巧，但如果你沒有實際地應用，反覆地嘗試錯誤，並且根據你的個人風格進行調整，將我介紹的溝通技巧轉化成屬於你個人的技巧，那你就不能算是真正掌握與人溝通的訣竅。

因為，「人」這個不確定的要素也會影響到溝通技巧的效果。每個人的能力不同、性格不同，與周圍的人際關係也有好有壞。正因為每個人的情況都不一樣，所以沒有任何一項技巧可以在不經過調整的狀況下，就適用於任何人。所以為了讓你習得的技巧可以真正地為你所用，你就必須根據你的情況調整、修改，這樣你所學的技巧才能好好地發揮出真正的效果。

舉例來說，假設我們去上烹飪教室，得到了老師傳授的食譜，回家以後也想再做出同樣的料理，但是怎麼做就是覺得跟課堂中做的料理有所不同。這不只是因為技術的問題，也因為每個人家裡的烹飪環境與教室的烹飪環境本來就不同。不只如此，就連家裡使用的食材也不可能跟課堂中使用的食材一模一樣，甚至連做菜時使用的工具、水質的不同，也都會影響到料理的風味或口感等等。所以，一定要在自己家裡做過一遍又一遍，一次次地從失敗中找出原因，一點一點地調整及修正，最後才有可能重現我們在烹飪教室裡做過的料理。

說話技巧也是一樣，若這項說話技巧本來就不適合運用在我們所處的環境，而我們卻執意使用的話，只會顯得自己非常笨拙。若要實踐我們所習得的說話技巧，說話時就應該保持心口如一，不應說出口是心非的話。

一旦我們為了實踐讚美的說話技巧，而抱持著必須稱讚對方的想法時，我們就只會說出「好厲害」、「你長得真帥」等口是心非的話，對方一聽就知道這不是出自內心的稱讚。其實我們只要誠實地說出當下所想的事，例如：「你做的真的很好」或「你真的已經很努力了」等等，我們就能好好地練習自己習得的說話技巧。

坊間有許多書都聲稱可以讓人增強英語能力，但如果我們只是閱讀而已的話，那永遠都不可能說出一口流利的英語。因為，這樣做的我們就僅僅是在學習作者分享的知識而已。我們在學習這些技巧之後，一定要實際開口練習，將那些技巧轉換成屬於自己的一套做法。畢竟日本人在日常生活中幾乎沒有什麼機會可以開口說英語，要是有的話，全日本的人早就已經說著一口流利的英語了吧。

學習一流的溝通技巧是件好事，但是油腔滑調的對話、刻意不自然的遣辭用句、太過講究技巧的說話方式，有時反而會讓對方感到不愉快。若你希望成為說話一流的人，那就請你用試著最自然的方式說話，並且保有你的個人風格。

一流的人在說話時不僅會善用各種技巧，更會重視自己的個人風格。

HANASHIKATA NO ICHIRYU, NIRYU, SANRYU
Copyright © 2023 Yoshinori Shimazu
All rights reserved.
Originally published in Japan by ASUKA Publishing Inc.,
Chinese (in traditional character only) translation rights arranged with
ASUKA Publishing Inc., through CREEK & RIVER Co., Ltd.

一流、二流、三流的溝通技巧

用情緒管理建立信任的雙贏關係！

出　　版／楓書坊文化出版社
地　　址／新北市板橋區信義路163巷3號10樓
郵 政 劃 撥／19907596　楓書坊文化出版社
網　　址／www.maplebook.com.tw
電　　話／02-2957-6096
傳　　真／02-2957-6435
作　　者／嶋津良智
翻　　譯／胡毓華
責 任 編 輯／邱佳葳
校　　對／邱凱蓉
內 文 排 版／楊亞容
港 澳 經 銷／泛華發行代理有限公司
定　　價／360元
初 版 日 期／2024年8月

國家圖書館出版品預行編目資料

一流、二流、三流的溝通技巧：用情緒管理建立信任的雙贏關係！/ 嶋津良智作；胡毓華譯. -- 初版. -- 新北市：楓書坊文化出版社, 2024.08　面；　公分

ISBN 978-986-377-991-9（平裝）

1. 人際傳播　2. 溝通技巧　3. 說話藝術

177.1　　113009300